公開霊言

ハイエク
ケインズ
シュンペーター

未来創造の経済学

大川隆法
Ryuho Okawa

本霊言は、2010年4月9日（写真上・下）東京正心館、4月20日（写真中右・左）総合本部にて、質問者との対話形式で公開収録された。

まえがき

自由が確保されない社会では、各人は知恵を発揮することはできず、経済的繁栄は、困難である。

本書では、有名な経済学者が、神の如き霊感《れいかん》の書を啓示の書物として語りおろしている。かつての世界的大宗教でもありえなかったことが、現在進行中であるのだ。日本の国民は、もはや「無告《むこく》の民」ではなくなろうとしているのだ。

この新しい教えを受けいれるかどうかに、この国の未来と創造がかかっている。

信じるということの大切さを再確認してほしい。

二〇一〇年　五月二十日

幸福《こうふく》の科学《かがく》グループ創始者兼総裁《そうししゃけんそうさい》　大川隆法《おおかわりゅうほう》

未来創造の経済学　目次

第1章　「自由の死」を最も恐《おそ》れよ

二〇一〇年四月九日　ハイエクの霊示

第2章　公共投資のあるべき姿

二〇一〇年四月二十日　ケインズの霊示

第3章　イノベーションの本質とは

二〇一〇年四月二十日　シュンペーターの霊示

2　起業家の条件とは何か　146

第1章

「自由の死」を最も恐《おそ》れよ

二〇一〇年四月九日　ハイエクの霊示
東京正心館にて公開収録

フリードリヒ・アウグスト・フォン・ハイエク（一八九九〜一九九二）

オーストリア生まれの経済学者、思想家で、ノーベル経済学賞の受賞者。ナチスなどの全体主義を批判し、経済理論をめぐってケインズとも対立したが、その自由主義思想はサッチャー政権などに大きな影響《えいきょう》を与《あた》えた。

［質問者二名は、それぞれA・Bと表記］

1　世界や日本の現状を、どう見るか

「自由」の思想を打ち立てたハイエク

大川隆法　今日は、「ハイエクの霊言《れいげん》」を公開収録したいと思います。
聴衆《ちょうしゅう》のみなさんの思いがさまざまなので、降霊《こうれい》の磁場としては、もうひとつであり、やりにくいのですが、最悪の環境《かんきょう》であってもベストを尽《つ》くすのが仕事の一つと思っております。

特に、ハイエクは宗教家ではないので、やや、やりにくい面はあるのですが、今、幸福の科学は、政治と宗教との関係を探究しているところでもあるため、霊言という宗教的アプローチによって、われわれが行《おこな》っていることの意味を探ってみたいと考えております。

ハイエクはノーベル経済学賞を受賞した方であり、現代を生きた方なので、今の政治・経済のあるべき姿について、ご意見をお持ちであろうと思われます。

ただ、魂《たましい》としては、かなり大きな視野を持っておられるように思われるので、単に政策レベルのことを訊《き》いて済むような人ではないかもしれません。ハイエクとして生きていたときより、魂的に、もう少し大きな方のように感じられます。

ハイエクの霊言を降ろすのは本邦初《ほんぽう》であり、一度もやったことはありません。だから、〝生《なま》〟です。

というのも、霊言は、練習してから録《と》るようなものではないからです。高級霊には、練習と本番で二回も同じことを語ってくれるほど、暇《ひま》な方はいないので、本番以外はありえません。その場その場で、そのときに必要なことを言ってはくれますが、演劇とは違《ちが》うので、練習はできないのです。

そのため、霊言がどのような内容のものになるかは、質問にもよりますし、聴衆であるみなさんの理解力のレベルにも、多少、影響《えいきょう》を受けると思います。

今回の質問者は、二人とも、霊人との質疑応答をすでに何度も経験していて、場慣れはしていると思います。

では、行きます。

（四回、深呼吸をする）

エル・カンターレの名において、経済学者ハイエクの魂を招霊《しょうれい》いたします。

フリードリヒ・アウグスト・フォン・ハイエク、フリードリヒ・アウグスト・フォン・ハイエク博士《はかせ》、どうぞ、われらに、政治・経済について、また、今日《こんにち》の社会における、あるべき世界観や未来について、ご指導ください。
ハイエクの霊よ、降霊したまえ。

（約三十秒間の沈黙《ちんもく》）

ハイエク　ハイエクです。

Ａ――　本日は、ありがとうございます。

ハイエク　はい。

Ａ――　ハイエク先生におかれましては、ご生前、「法の下《もと》の自由」「責任ある自由」というかたちで、思想の上でも、「自由」ということを強調しておられました。これは、ナチスの迫害《はくがい》とも戦って、自由の思想を打ち立てられた先生にとりましては、自明の理《り》であろうかと思います。

ところが、日本の今の世情を見ますと、国民は、寝ぼけ眼《まなこ》をこすっているような状況《じょうきょう》にあり、最初に警鐘《けいしょう》を鳴らすべきマスコミでさえ、例えば、「民主党の鳩《はと》山《やま》首相とか小沢幹事長とか、こういう人たちは、思想的に見て、ナチスともよく似ている。実は、けっこう危険な水域にまで、この国は来ているのだ」ということが、まだよく分かっていないように推察されます。

そのため、今の日本は、ナチスの政権樹立のころと似たような状況にあることが、特にマスコミを中心として、まだピンと来ていない、そういう世論《よろん》の状況であるかと思います。

それに対しまして、まさに「自由の思想家」であるハイエク先生から、一言、ご指導を賜《たまわ》ればと存じます。よろしくお願いいたします。

時代は「新しい哲学《てつがく》」を求めている

ハイエク　うん。まあ、時代は「新しい哲学《てつがく》」を求めていると思います。特に、現在進行形の政治や経済の領域においては、過去のものが役に立たなくなっております。また、人々には未来を見る目がありません。そのなかで、目覚めたる一部の者が、やはり、未来を照らす光とならねばならないのです。

ナチス台頭の折に、第一次大戦で荒廃《こうはい》した国土のなかで、ナチスやヒトラーにかけられた国民の思いは、「英雄《えいゆう》待望」や「救国の理想」でもあったと思うんです。それが実は大変な惨事《さんじ》につながっていくことに気づいていたのは、最初は、ごく少数の者であったと思います。

しかも、ナチスには、「第一次大戦で徹底的《てっていてき》に荒廃し、かなりの額の賠償金《ばいしょうきん》を取られ、『二度と立ち直れない』と思われたような、ドイツという国を、急速に立て直した」という実績がありました。

そのときには、すでにケインズの経済学が打ち出されており、イギリスにいたケインズ自身が、ナチスの政策を見て、「これぞケインズ経済学の手本」と手放しで喜んだぐらい、それほど急速な経済の回復をナチスは実現しました。失業率を改善し、国家の改造・再建を行い、そして、第一次大戦の敗戦から二十年ののちには、ヨーロッパ全土を戦争に巻き込《こ》むような力を持つに至りました。

当時の人には、ヒトラーは一種の魔法《まほう》使いのように見えたと思うんですね。荒廃した国を短期間で立ち直らせて、あっという間に次なる大きな惨禍《さんか》を呼び起こしました。

このなかで、まあ、私とか、ピーター・ドラッカーとかは、いち早く、このナチスの危険性に気がついておりましたが、現実には、ドイツではケインズ経済学的な政策が短期間で功を奏したように見えたので、私たちの言うことには誰《だれ》も耳を貸さないような状況ではあったかと思うんですね。

私たち、特に私が申し上げているのは、「自由の哲学」ですし、「自由の経済学」ですから、流れとしては、もちろん、アダム・スミス以来の流れを引いています。

しかし、この「自由の経済学」は、ある意味で、「レッセフェール」、すなわち、「自由放任」に見えるので、知識人や理論家からは不人気なところがあったわけです。エリートたちには、「優秀《ゆうしゅう》な自分たちが考えた計画でもって経済を軌道《きどう》に乗せれば、うまくいく」という考え方があり、彼らは、どうしても、そちらに向かっていきます。

「現実に、ナチスが、それに短期間で成功した」という実例があったために、私は、一時期、ある意味で干《ほ》されていた状態であったわけですけれども、戦後、見直されるようになりました。

しばらく私は冷遇《れいぐう》されて、ケインズ経済学万能の時代が続きましたが、そのあと、戦後になってから、ようやく見直され始めました。そして、だいぶ遅《おく》れましたけれども、レーガンやサッチャーの時代あたりから、「ハイエクのほうが、やはり正しかったのではないか」と言われるようになってきたわけです。

それにもかかわらず、日本は、ケインズ経済学をずっと引きずっていて、それが、一九九〇年以降の、なかなか進歩し切れないでいる現状をつくり出していると思うんですね。どうしても、「計画経済」と「大きな政府」の考え方から抜《ぬ》けられないし、その行く先が重税国家であり、それが「自由の抑圧《よくあつ》」や「自由の死」であることを分かっているのに、人々は、吸い込まれるようにして、そのなかに、はまっていきます。そういう罠《わな》に、はまっていくんですね。

人々の目の前には、みなを喜ばせるようなものが並べられています。軒先《のきさき》に誰もが喜ぶようなものを並べられ、「民主主義という名の衆愚政《しゅうぐせい》」で操《あやつ》られていくんですね。

そして、「頭が良い」と称《しょう》する、一部の理論的エリートたちが何でもやってくれるので、「任せておけば間違いがない」と考えて、全部、依存《いぞん》するかたちになってしまうわけです。

人間の認識力の限界を知り、アダム・スミスに戻《もど》れ

ここで私が言いたいこととは、こういうことなのです。

世界は、ますます拡大しつつあり、複雑化の様相をさらに深めています。

このなかにおいて、「ある一つの主義や教条、思想でもって、すべてを解決で

きる」というようなことはありません。そんな魔法は効かないのです。また、「ある一人の経済学者や政治家の頭脳でもって、すべての問題を処理できる」というようなことはありえない。

政治家のみならず、官僚《かんりょう》でも同じです。一部のエリート官僚の頭脳によって諸問題を解決できるレベルには限界があります。

「現代は、その限界を超《こ》えた時代に入っている」という基本的な認識が必要です。今、「認識」という言葉を使いましたけれども、「人間の理解力や物事を受け止める能力には限界がある」ということです。

アダム・スミスの経済学は、その限界を認めた経済学です。だから、その限界を知り、原点に帰ろうとすると、アダム・スミスに戻《もど》っていくんですね。

アダム・スミスが言ったことも、結局のところ、「一人の人の考えで、国全体の経済をうまくいくようにすることなど、できないのだ」ということです。業種がそれぞれ違うなかで、全部の業種を指導できるような経済原理などありはしません。そういう理論もなければ、そういう政策もありえないんですね。だから、「各人が、それぞれの持ち場で最善の努力をするほうが、結果的には全人類の前進になる」ということです。

そうであるならば、国民にとって大事なことは何であるかというと、「自由の死を最も恐《おそ》れなければならない」ということです。

「自らが自らの手足を縛《しば》り、お上《かみ》あるいは一部の特権エリートに、その身を任せてしまう」ということは、「自由の死」を意味します。

そして、それが、良い結果になるならばいいのですが、残念ながら、世界の歴史を見るかぎり、私の予言どおりに、自由の死が来ると同時に、必ず全体主義国家が現れるのです。

全体主義国家は、基本的に、自由を抑圧する国家です。国民の自由を抑圧し、統制して、国家がつくり出した一定の方向性や規範《きはん》にすべてを従わせようとする傾向《けいこう》が出てきます。その結果、自由を取り上げられた国民たちは、それを取り戻すことができなくなっていくわけです。

あなたがたは、「投票型民主主義という自由があるではないか。投票の自由がある以上、大丈夫《だいじょうぶ》だ」と思いがちです。

しかし、ヒトラーのナチス党も民主主義的過程から生まれたものであることを忘れてはなりません。人々はナチス党に投票したんです。そして、第一党にしたんです。

その結果、出てきたものは何であるか。憲兵隊ができて、ナチスに逆らう者を次々と逮捕《たいほ》する。そういう諜報《ちょうほう》部隊ができ、密告が流行《はや》り、具合《ぐあい》の悪い者は捕まえ、強制収容所へと送り、最後は殺してしまう。

また、意図的に敵をつくり出して抹殺《まっさつ》していく。例えば、ユダヤ人の虐殺《ぎゃくさつ》です。

そして、考え方を一元管理していこうとする。

これがナチスのやり方です。「これが〝投票箱〟から生まれた」ということを、やはり肝《きも》に銘《めい》じなければいけません。

だから、「民主主義は両刃《りょうば》の剣《けん》、諸刃《もろは》の剣であって、どちらにだって転ぶ。人々に良識があれば、良いものになることもあるが、人々から良識が失われている状況においては、残念ながら、自ら不幸を呼び、〝集団自殺〟を起こすこともありうる」ということです。

現在の日本は「大きな政府」になりすぎている

「今、現政権について、あるいは現代の日本について、私の考えがどうであるか」ということを問われるとするならば、日本という国を見るかぎり、少なくとも、「大きな政府になりすぎている」という一点は、どうしても外せないと思います。

「大きな政府ができれば、自分たちの面倒《めんどう》を見てくれる」と考え、そういう福祉《ふくし》国家ができることに一種のユートピア幻想《げんそう》を持っている人が数多くいます。「それは、自分たちの自由の死を意味し、自分たちの未来を特定の人たちに預けてしまうことになる」ということを、理解していない人が数多くいるのです。

善意を持って行動しているように見えながら、結果としては、やがて、悪いものがやってきます。このあとに来るものは圧政です。やがて、それがやってきます。あなたがたの自由はなくなり、圧政がやってくるわけです。

少なくとも、今の経済システムと政府の方針が続くかぎり、いずれ、国民各人が五十パーセント以上の税率で税金を負担しなくてはいけなくなる時代が来るのは、もう時間の問題です。

五十パーセントの税率で税金を取られ、それでも経済活動に励《はげ》める人というのは、よほど忍耐力《にんたいりょく》の強い人であり、普通は、まず、やる気が失《う》せてきます。

そして、だんだん、闇《やみ》経済、アンダーグラウンドの経済が流行《はや》るようになってきます。人々は、政府に把握《はあく》されないような経済活動をたくさんしたがり、それを実行するようになってくるのです。

正直者がばかを見る社会が、もうすぐやってくるはずです。

「今、これが、理解されないままに進んでいる」ということを、大いに危惧《きぐ》します。それは動機が善であるだけに悲劇を感じます。

悲しいことに、「みなさま一人ひとりの面倒を見ます。老後まで面倒を見ます。福祉をします。子供の面倒を見ます。全部、国家が引き受けます」と政府が言った結果、やがて国民が地獄《じごく》を見る事態になっていくことに、やっている当の本人たちが気づいていないのです。「人の理解力というものは、そこまで届かないものなのか」ということを感じます。

質問があれば聴《き》きます。

2　ケインズの魂《たましい》に潜《ひそ》む問題点

A――　まさに、今教えていただいた点に絡《から》むことなのですけれども、「自由の死」は増税から始まるにもかかわらず、今、この国のなかでは、ある種の洗脳として、「国の財政を再建するためには、消費税率を上げるなど、増税は不可欠なのだ」という考え方が、広く国中でまかり通っているように思うのです。

これを断固として砕破《さいは》していかなければならないと思いますし、そのときの論点については、今、かなり教えていただきました。

ただ、特に日本はそうなのですが、問題解決のときに、どうしても、お上《かみ》に頼《たよ》るというか、ハイエク先生のお言葉で言えば、ケインズ経済学に依存《いぞん》し、「政府のお金に頼る」ということになりがちです。

ハイエク先生は、ご生前、ケインズのことをパシッと喝破《かっぱ》し、「彼は、学者というよりは、むしろジャーナリストである」と言って批判されました。

また、今、この国では、大手新聞をはじめとするマスコミが、増税の論調をつくり出し、自由を殺すほうへ国を持っていこうとしています。

そういった、増税派のマスコミの無知蒙昧《むちもうまい》さを兜割《かぶとわ》りで正し、国を正しい方向へ導いていくために、重ねてご教示をいただければと存じます。よろしくお願いします。

どのくらいの税率が妥当《だとう》なのか

ハイエク　二点ほど、言いたいことがあります。

まず、税金の問題についてですけれども、日本であれば、江戸《えど》時代には農民から税金を取っていたと思います。それは、「五公五民《ごこうごみん》」、すなわち、「半分を、役所、お上が取って、残りの半分が自分のものになる」というあたりが限度であり、これを超《こ》えて、「六公四民《ろっこうしみん》」などになったら暴動が起きたと思います。だから、どう見ても、これが上限なんですね。これ以上にはいかない。

しかし、そういう税金がかかっていたのは基本的には農民であって、商業の世界などには、あまりかかっていなかったわけです。侍《さむらい》にもかかっていなかった。ほかの人たちにはほとんどかからず、農民中心にかかっていた。

ところが、今は全体に税金がかかっているわけですから、政府は、昔よりも大きな政府のほうへと向かっていこうとしているんですね。

これは、「本来、政府がやらなくてもいい仕事に、数多く手を出して、自分たちの権力、権限を増やそうとしている」ということです。しかも、「実際には、その世界の仕事を運営する知識もノウハウもないにもかかわらず、「やる」ということなのです。

例えば、法律の知識はあるにしても、薬や医学の知識は必ずしもない人が、予算を費《つい》やして、いろいろなことをします。大騒ぎをして、「インフルエンザのワクチンを何千万本もつくる」とか、「一億本も輸入する」とか、そういうことを、あたふたと決めて、税金を湯水のごとく使います。こういうことをするわけです。

こうしたことが数多く積み重なって無駄《むだ》が起きてくるのですけれども、あとから、検証はなされていないんですね。

だから、税率について私は思うのですが、基本的には、やはり、五十パーセントに近づいていくあたりが、個人としては限界であり、税率が上がれば上がるほど、実際には労働の生産性が下がっていくはずなんです。

マックス（最大限）、我慢《がまん》できるのは、やはり二十五パーセントだと思います。

四分の一ぐらいまでなら、比較的《ひかくてき》、正直に働いて、正直に申告する可能性がありま
す。それは、成功している人の場合です。

成功していない人の場合には、もちろん、二十五パーセントでも高いので、一般的《いっぱんてき》には、平均で十パーセントぐらいになると思います。最下層の人になりましたら、十パーセントでも高いでしょうから、それに対しては、もう一段のセーフティーネットが必要だろうとは思いますが、一般で十パーセント、最高税率で二十五パーセントぐらいが限度だと思います。

それ以上取った場合には、「それだけ金を使わなくてはいけないシステム自体に間違いがある」と考えなければいけない。

これは個人の所得税においてですが、企業《きぎょう》の税金においてもそうで、やはりマックスは二十五パーセントです。今、中小企業等に関しては、もう少し下がろうとしてはいますけれども、それは、赤字があれだけ多いので、実際上、無理な話

だからですね。うまくいったところで、マックスが二十五パーセント、普通《ふつう》は、やはり十パーセントぐらいに近づけていかなければならないでしょう。「人々が正直に申告できるレベルで線を引かなければいけない」と思います。これが税金についての考えです。

ケインズの過去世《かこぜ》は、万里《ばんり》の長城《ちょうじょう》をつくった「秦《しん》の始皇帝《しこうてい》」

あと、あなたは、ケインズについて、「ジャーナリストだ」という言い方をしたけれども、彼は私のライバルですから、まあ、一定の力を認めてはおります。そして、彼の思想には、役に立っている面が現在もありますし、効果がある場合もあります。十分なライバルではあるので、全部の面で彼を駄目《だめ》だと考えているわけではありません。

また、ジャーナリストがみな駄目だというわけでもないのです。「ジャーナリスト」という言葉を、侮蔑的《ぶべつてき》な言葉としてのみ使うのは、彼にとっても不本意であろうと思います。

「ハイエクの霊言《れいげん》」が録《と》られたら、おそらくは、別の機会に「ケインズの霊言」が録られるだろうと思われますし、必ず反論がなされることは予想されるので、言葉を選ばなければいけないけれども、ケインズには、過去の転生《てんしょう》のなかでも十分に問題はあって、カルマ的なものを感じますね。

今、宇宙から地球を見て、確認できるものは、いったい何であるか。中国の「万里《ばんり》の長城《ちょうじょう》」でしょう? これは宇宙から見えますね。宇宙船や宇宙ステーションから見えるものとして、万里の長城がある。あの万里の長城をつくったのがケインズなんですよ、過去世《かこぜ》でね。ああいうことをする人なんですよ。

それをつくるに当たっては、雇用《こよう》は生みましたよ。当然、莫大《ばくだい》な雇用と莫大な税金を必要としました。そして、それは、いまだに遺《のこ》っているわけですし、「匈《きょう》奴《ど》の侵入《しんにゅう》を防ぐ」という役割は果たしたのかもしれないけれども、「ケインズをどう見るか」ということは、「万里の長城の建設を、善と見るか、悪と見るか」ということと同じようなものですね。

中国という国を護《まも》る一定の役割をしたのであろうけれども、現代から見れば、ちょっと、ばかなことのように見えなくもないところがありますね。まあ、そういうことをする人なんです。

彼は、その前には、ピラミッドをつくっています。巨大ピラミッドをつくりました。これはまだ明かされていないでしょう。

ですから、はっきり言えば、ケインズの過去世《かこぜ》は秦《しん》の始皇帝《しこうてい》なんです。それから、その前の過去世は、エジプトのピラミッド造りとかかわっています。そして、ひどい重労働を課したんですね。

ケインズ経済学の本質は、ここにあるんです。

結局、その背景にあるのは、巨大な国家と奴隷化《どれいか》する国民の姿です。これが、ケインズ経済学の背景にあるものです。

そうしたものの建設は、王様の立場から見れば、偉大《いだい》な王様、歴史に遺《のこ》る王様になれることであるし、文明として見れば、偉大な文明として記憶《きおく》されることにはなるけれども、人民の立場から見れば、そうとうの圧政を生むことも多い。

こういうことが彼の発想の裏にはあるわけです。だから、彼をジャーナリストなどと甘《あま》く見てはいけないんです。帝王《ていおう》です。彼は、もともと、帝王になる素質を持っている人なんです。

そして、彼は、現代では、思想家、経済学者、ジャーナリストと化して、各国の政府を動かし、実際に、そういう公共事業をやってのけたんだと思いますね。

ただ、彼の考え方でいくと、結局、「大きな政府」が必ず出来上がって、人々が圧政から逃《のが》れるための努力をしなくてはならず、気をつけないと、政府の言うことをきかない者は、粛清《しゅくせい》されたり、国外脱出《だっしゅつ》をしたりするようなことが起きるわけですね。

こういう傾向《けいこう》を彼が持っていることを、知らなくてはなりません。

世界史の教科書においては、華々《はなばな》しいことをやった人は、評価されるし、名前が遺るし、いいことでございましょうが、現場で労役をしている何十万の人は大変ですよ。

あなたがたは、今、そういう労役をしてはいないかもしれないけれども、その代わり、重税を背負わなくてはいけないわけです。「重税を背負って、サラリーマン業を延々とやらされることになる」ということですね。

考え方を改めず、〝ケインズの亡霊〟に支配された、七十前後の政治家たちに政治をやらせると、これから先の未来においては、そういうことになるわけですね。
「基本的な企業家精神が、やはり分かっていない」ということだと思いますね。

A――　はい、分かりました。どうもありがとうございました。質問者を交替させていただきます。

ハイエク　うん。

3 マルクスの思想の問題点

B―― ハイエク先生、本日は直接のご指導を賜《たまわ》り、まことにありがとうございます。私は月刊「ザ・リバティ」(幸福の科学出版刊)編集部の○○と申します。二点、質問させていただきます。よろしくお願いいたします。

ハイエク はい。

B―― 先般、大川隆法総裁によって「マルクスの霊言《れいげん》」が録《と》られ、共産主義の創始者であるマルクス本人の弁で、「自らが死んでいることすら分からない、地《じ》獄《ごく》の無意識界にいる」ということが明らかになりました。

ハイエク　うーん。

B――　「自由からの繁栄《はんえい》」を唱えていらっしゃるハイエク先生から見て、共産主義思想、社会主義思想の誤りについて、お教えいただければと存じます。また、マルクスは、何が誤っていたために、結局、あのように地獄に堕《お》ちているのか、これについても教えていただければ幸いでございます。お願いいたします。

マルクスの原点は「自己弁護」にある

ハイエク　うーん、彼はねえ、原点は「自己弁護」だと思うんですよ。自分が貧しくて事業に成功しなかったことなどを、全部、基本的には、外部に責任を押《お》しつける考え方を持っていると思うんですね。それは、あなたがたの宗教でも教えている「自己責任」ではなくて、他の責任にする生き方ですよね。

そういう自己弁護のためだけに、あの膨大《ぼうだい》な経済哲学《てつがく》をつくり上げた人だと思う。「自分が貧しいのは、なぜか。それは大資本家が悪いからだ」ということを理論化したわけですね。

経済というものは、まあ、あなたがたも食べるでしょうが、一つのピザパイのようなものです。これに刻《きざ》みを入れ、六等分や八等分にしてあると、「人が何人いたら一人に何切れ当たるか」ということが分かります。「食べる人が多いと、一切れしか当たらなかったり、一切れも当たらなかったりするけれども、一人だけだったら全部を食べられる」と、基本的に考えることができます。

そして、マルクスの考え方は、「大資本家が、そのパイの大部分を取っている。

例えば、八等分できるパイがあっても、大資本家が、八切れのうちの七切れを取って、労働者には一切れしかくれない。これは、けしからん。これが、労働者が貧しい理由である。大資本家から残りのパイを取り戻《もど》せ。一切れしかもらっていない労働者たちが集まって、労働組合による政治を行い、全員で、きちんと正しく配分しようじゃないか。大資本家には、八分の一以上は与《あた》えないようにしようじゃないか」というものです。基本的には、そういう考えなんです。

だから、マルクス主義には高度な累進《るいしん》課税があります。土地とか工場《こうじょう》とか、こういう大きな生産手段が富の格差を生むからです。

今、日本でも、「格差是正《ぜせい》」と、ずいぶん言っているでしょう？　そういう生産手段を与えると大金持ちが出てきます。工場を持っている人だとか、親から譲《ゆず》られた大きな資本を持っている人だとかがいて、そういうものがあると格差を生むから、それをなくそうとして、累進課税を行うんです。

それから、マルクス主義では、相続をさせないようにするため、生産手段を国有化して個人には渡《わた》さないようにし、「国家が国民を公平に処遇《しょぐう》する」という美名の下《もと》に政治体制が出来上がっています。

「プロレタリアート独裁というかたちで、労働者が独裁する国家が生む平等な社会によって、最終ユートピアが出来上がる」と、まあ、こう考えるわけですね。

ただ、「プロレタリアート独裁」という言葉はきれいだけれども、実際には、労働者は世界中にいるわけです。世界に何十億人もいる労働者たちに、どうやって独裁ができるんでしょうか。できるわけがありません。

あるとしたら、そういう人たちが、不平不満を持っている相手をつるし上げるかたちでの独裁しかありえないですよね。「こいつが悪いことをした」と犯人を決めつけて、その人をギロチンにかける。絞首台《こうしゅだい》に乗せる。電気椅子《いす》に座らせる。そういう意味での独裁なら可能かもしれないけれども、「実際に、労働者が、すべての経済原理を理解して、富を公平に分配する」などということは、できはしないのです。

結局、共産党員という名のエリートが出てきて、それが支配する。中国に十三億人の国民がいたって、結局、七千万人ぐらいの共産党員が中国を支配している。しかも、七千万人もの人がいても、そのほとんどは下部の者であり、上位層にいるのは、ごく一部にすぎず、その一部の人たちが支配する。

そこにあるのは、言論の統制、信教の自由の統制、思想・良心の自由の統制です。そして、反政府的な言論には、全部、統制をかけていきます。

そのように、実際には、マルクスが考えていたことと、ちょっと違《ちが》うようになってきたのです。

ただ、彼の思想自体には、要するに、「自分よりも成功した人は、みな悪人だ」と見る考えがあると思うんですね。

彼は、「ライン新聞」という新聞社の論説主幹《しゅかん》でありながら、事業が潰《つぶ》されてしまった。

それから、著書も、彼が生きている間《あいだ》には、大して印税収入にはならなかったし、友人のエンゲルスの援助《えんじょ》を受けて生活し、また、自分の子供をエンゲルスに預かってもらうような状況《じょうきょう》でしたよね。

だから、マルクスの場合、根本的に見て、基本的な人間性のところに問題があり、あなたがたが説いているような宗教的真理が入っていないと思うんです。

先ほど、「税金が上がれば自由の死が来る」というようなことも言いましたけれども、そういう経済的な自由の死だけではなく、真理の面において、やはり、間違っているところがあったと思うんです。

マルクスは地獄《じごく》の「無意識界」に隔離《かくり》されている

特に、この人は、まあ、唯物論《ゆいぶつろん》の教祖ですよね。いくら何といっても、唯物論の教祖です。

過去世《かこぜ》で光の天使であったとしても、今は地獄《じごく》の「無意識界」という所に封印《ふういん》されている状態です。

ほかの人との交際が許されておらず、棺《ひつぎ》のようなもの、繭《まゆ》のようなもの、あるいは洞窟《どうくつ》のような所に閉じ込《こ》められており、死後、百二十年間、自分が死んだことにさえ、まったく気がつかないような状態が続いていました。

これは、明らかに隔離《かくり》されている状態ですね。まあ、精神病棟《せいしんびょうとう》に隔離されているような状態です。この人に触《ふ》れると、ほかの人の思想がおかしくなるために、隔離されている状態なのです。

「こういう人の思想を奉《ほう》じる国が世界の半分にまで広がった」というのは大きなことだし、実際は、「奉じた」というよりは、「悪用した」ということでしょうね。マルクス主義の持っている弱点を悪用したわけです。

どういう弱点であるか。マルクス主義では、今、言ったように、富を憎《にく》む思想を持っている人はたくさんいるから、大地主や貴族、大金持ちなどから金を巻き上げて、他の人たちに分配します。これは、ほとんど海賊《かいぞく》や強盗《ごうとう》のやり方ですよね。これを肯定《こうてい》したことがそうです。

また、「革命の結果が正しければ、手段として暴力を使っても構わない。結果が良ければ、途中《とちゅう》は構わない」という考え方も、銀行強盗の論理と同じですよね。例えば、「銀行強盗に入って人を殺しても、その金を教会に寄付したら、結果が良いので、それは良いことだ」と言うのと同じです。

しかし、あなたがただって、そういう金は不浄《ふじょう》な金と認めるでしょう？　ねえ。「強盗をして、五億円を盗《と》ってきました。これで、どうぞ精舎《しょうじゃ》を建ててください」と言われても、「うん」とは言わないでしょう？　「それは、君、人間として間違っている行為《こうい》である。そういう間違った行為で得た金でもって宗教施設《しせつ》を建てたところで、そこには穢《けが》れがある。だから、その金は受け取れない」と考えるはずです。

でも、マルクスは、手段としての暴力を肯定した。つまり、彼は、反対勢力を粛清《しゅくせい》したり、嫌《いや》な人たちを隔離し、強制収容所送りにしたりする理論の基礎《きそ》をつくったわけです。

これは、ソ連で現実に起きたことですよね。

ただ、ドイツでもユダヤ人の強制収容所送りがあって、戦っている国同士で、実は、同じことが起きました。マルクスの思想の下《もと》にある共産主義と戦っているように見えた、ドイツのナチス党も、同じ現象を伴《ともな》っていて、実は、共に全体主義であったわけです。

民主主義の弱点を突《つ》いてきたマルクス

結局、多くの人々の歓心《かんしん》を買おうとすると、どうしても、本当は一部の人が操《あやつ》っているのに、その正体を隠して、多くの人々のためにやっているように見せながら、圧政を加えるようになります。そこには、「異質なものを排除《はいじょ》していく」という思想が必ず出てくるんですね。

そして、「それが、悪魔《あくま》の道であり、地獄への道である」ということを分からない人が大勢いるわけです。

だから、マルクスは、「今、繁栄している つもりでいる民主主義の、いちばんの弱点を突《つ》いてきた」ということですね。

マルクスの〝発明〟と言われているもののうち、その最大のものは、結局、「投票は一人一票だから、資本家対労働者なら、労働者のほうが投票数は多い。だから、民主主義制度があるかぎり、両者の力関係を引っ繰《く》り返せる」ということです。マルクスは、ここに着目したんですね。そして、「プロレタリアートよ、団結せよ」と言ったわけです。

その結果は何かというと、日本で言えば、今のＪＡＬ《ジャル》ですよ。労働組合が八つもあり、何兆円もの赤字をつくって、国の税金を投入しなくてはいけなくなりました。その税金は、どこから出ているんですか。ＪＡＬには必ずしも関係のない人々というか、国民から出ているんでしょう? 兆の単位の税金が投入され、さらに、利用者は飛行機に乗る金も払《はら》わなくてはいけないんでしょう?

「経営が下手《へた》である」ということは、実は、それほど害を及《およ》ぼすものになるんですね。

ＪＡＬの社員たちは、そういう労働組合が会社を悪くしたなどとは思っていないだろうけれども、現実には、そうなっているわけですね。

だから、「絶対に潰れないと思われているような公共的事業ほど危ないものはない」ということです。

マルクスが、今、なぜ、そういう状態にあるかというと、まあ、明らかに思想犯だからですね。

いや、実は、ある意味で護《まも》られているんですよ。「自分が死んだことも分からないで、無意識界に百二十年もいる」ということは、どういうことでしょうか。

彼は、「死後の世界はない」と思っていたから、そこにいるんだけれども、もし地獄で自由に活動ができたら、どうなるかというと、彼は共産主義国を指導するはずですから、もっと悪いことが起きるわけです。だから、彼を悪魔にしないために、せめてもの慈悲《じひ》で、今、隔離されているんです。これが現状ですね。

人間性の根本《こんぽん》が間違っている場合は、やはり駄目《だめ》だし、一見、いいことのように聞こえているものが、現実には悪いんです。だから、「多くの人にとって、いいことのように聞こえるものが、実はマイナスのことがある」ということですね。

B——　はい。詳《くわ》しくお聞かせいただきまして、本当にありがとうございます。

4 「法律」と「自由」との関係

B――　もう一点、質問させていただきます。

ハイエク　はい。

B――　今、二十世紀の世界の歴史を振《ふ》り返りますと、まさに、ハイエク先生の御著書《ごちょしょ》である『隷属《れいぞく》への道』の考え方が、イギリスのサッチャリズムとして、また、アメリカの経済思想や政治思想として流れた結果、ソ連を崩壊《ほうかい》させ、世界を救いました。こういう金字塔《きんじとう》がございます。

ところが、サブプライムローンの問題で世界同時不況的《ふきょうてき》なものが起き、「資本主義が暴走した」などと言われています。そして、今、世界では、日本でも海外でも、「資本主義の終わり」だとか、「資本主義の死」だとか、このような言葉が出てきています。

一方では、先ほどハイエク先生もおっしゃられたように、最近、中国が伸《の》びてきており、まさにハイエク先生が警戒《けいかい》なされた統制型の集産主義の方向に、世界全体が向かいつつあると思います。

流れとしては、このまま、民主主義よりも全体主義が世界を覆《おお》っていくことになってしまうのか、このあたりについて、ハイエク先生は、どういうお見立てを持っていらっしゃるのでしょうか。

また、今、ハイエク先生は、霊界《れいかい》で、どのようなお仕事をされているのでしょうか。そして、地上の人をご指導されているとしたら、どのような人を指導しておられるのでしょうか。

そういった点について、お聴《き》かせいただけたら、幸いでございます。

「サブプライムローン」の問題はマルクス主義的政策の失敗

ハイエク　アメリカの「サブプライムローン」のことを、あなたはおっしゃいましたけれども、あれは資本主義の行き詰《づ》まりによる崩壊ではありません。実は逆であって、「本来、資本主義的であるべき人たちが、支持者層を増やそうとして、左翼《さよく》の思想を採り入れ、失敗した」というのが実相ですね。

ブッシュ元大統領が、左の勢力を支持者として取り込《こ》むために、「所得があまりなくても家が建つ」というような学者の提言を採り入れ、「そういう魔法《まほう》のような公式があるなら、それに乗ろう」として行《おこな》ったのが、あのサブプライムローンですね。

ですから、あれに入っているのは、要するに、「働かなくても結果が与《あた》えられる」というような考え方であり、これはマルクス主義ではないですか。ずばり、そうでしょう?

収入があまりなくても家が持てる。夢のような話でしょう?

ところが、これは、誰《だれ》かが損をしないと成り立たないことです。損をした人がいるわけです。誰が損をしたんですか? それは、投資をすることができた金持ちたちです。「金をもっと儲《もう》けよう」と思って投資をした金持ちたちが、兆の単位の、いや、単位は何と言っていいか分からないぐらいの大きさですけれども、ものすごい額の損をしましたね。

だから、実際にはマルクス主義が起きたんです。

そして、世界の大金持ちや高所得者層で、「株の運用よりも、さらにいい運用が何かないか」と探しているような人たちの金が、根こそぎ持っていかれました。マルクス主義的なものを実現しようとして失敗したわけです。

でも、そうした金持ちから〝搾取《さくしゅ》〟し、彼らを破産させることには成功しました。大企業《だいきぎょう》や高所得者たちを破滅《はめつ》させて、多くの人たちを失業者にしてしまったのです。

しかし、「家を持てる」と夢を語られた低所得者層もまた、債務《さいむ》が払《はら》えなくなり、自分の家には住めなくなって、家を持てない〝浮浪者《ふろうしゃ》〟になろうとしているのです。

結局、これは、「マルクス主義的なものの変形を理論経済学で粉飾《ふんしょく》した」ということであり、「資本主義の行き詰まりによって混乱が起きたわけではない」ということです。「マルクスの予言が当たったのではなくて、マルクスの言ったとおりにやったために失敗した」と見るべきです。

「リーマン・ショック」の意味は、そういうことです。これは間違《まちが》ってはならないと思う。

だから、マルクスの言っているとおりでしょう？　「各人が、能力に応じて働き、労働に応じて取る」というのが社会主義的な考えでしょうし、それを超《こ》えた共産主義は、もう、「労働」に応じてではなく、「必要」に応じて自由に取れる社会でしょう？　それが共産主義の理想なんでしょう？　働こうが働くまいが、物が溢《あふ》れていて、自由にもらえる世界でしょう？　魔法の世界ですよね。

「そういうユートピアの世界というものは実際にはない」ということですね。

「やはり、勤勉の結晶《けっしょう》が富となって、それが人々を幸福にする種となるのであり、このプロセスを抜《ぬ》きにしてのユートピア世界は、経済面においてもありえない」ということです。これを知らなければいけない。

だから、サブプライムローンの問題は、実は、「本来、アメリカの民主党が行うべき政策を、共和党が、選挙に勝とうとして、先取りをして行い、失敗した」ということです。

「ブッシュ大統領が、それに引っ掛《か》かった」という面もあるし、「経済の番人や金融《きんゆう》の番人にも、それが見抜けなかった」という面もあります。

ただ、「世界恐慌《きょうこう》は起きない」と幸福の科学は予言して、そのとおりになりました。それは、確たる読みがあっての意見でもあったし、また、「起きない」と言ったことによって、「言葉の力」で恐慌の発生を抑止《よくし》した面もあったとは思いますね。

そのことを一つ言っておきたい。

衆議院が立法府なら、参議院は〝廃法府《はいほうふ》〟でもよい

あと、「これからの経済を、どうすべきか。経済の未来は、どうあるべきか」ということですね。

あなたがたも政治運動を起こしているようであるけれども、議員についての考え方が、「法律をつくる人」というものであったならば、気をつけないと、議員に長く活動されればされるほど、とにかく法律の数が増えてくるのです。

やはり、「法律は必要最小限のものに限定すべきである」と考えなくてはいけないと思います。

例えば、建築一つを取ってみても、やはり、完全に無制限というわけにはいかないだろうと思うんですよ。安全性の問題がありますからね。

ものすごく危険で、周りの住民が命の危険を感じるようなものを建てられたら困ります。そこは、いくらなんでも自由とは言えないところなので、チェックはかかるべきです。これについては、おそらく合意が得られるでしょう。

周りの人たちが危険を感じるようなところまでは、なかなか許されないし、周りに損害を与えるようなものも許されないだろうとは思います。

しかし、一方において、これだけ地価が上がっておりながら、「一律の規制がかかっていて、自由に建物が建てられない」というような状況も、やはり間違っていると思うんですね。そういう規制が、どんどん積み重なってきている。

だから、「参議院の廃止《はいし》」などという声も出てはいるようであるけれども、衆議院が立法府だから、まあ、参議院は〝廃法府《はいほうふ》〟でもいいかもしれない。法を廃止するほうですね。できてから何年かたった法律については、見直しをして、廃止できるようにするんです。それなら、参議院の存在意義はあるかもしれない。

何年かたって、「この法律は、もう役に立たないので、やめてしまいましょう」ということにするのは、あってもいいかもしれません。どんどん『六法全書』の中身が増えていく状態であれば、結局、人間の自由は拘束《こうそく》されていくんですよ。

法律とは、自由の範囲《はんい》を決めるもの

私が言っている「自由」とは、無制限な自由ではないのです。無制限な自由でよければ、人を殺す自由だってあるし、人を殴《なぐ》る自由だってあるし、強盗《ごうとう》をする自由もありますから、私は無制限な自由を言っているわけではありません。

私が言う自由とは、「法律を立て、その法律を犯《おか》さない範囲内《はんいない》で人間は自由である」という意味での自由です。「法律は自由の範囲を決めるものであり、『その法律さえ守っておれば、何をやっても構わない』という意味で、自由は保障されている。これが近代国家における自由なのだ」という考えです。

車が左側通行の国もあれば、右側通行の国もあります。それについて、「どちらが正しいか」ということを議論するのは、意味のないことであり、どちらでもいいことです。

右側を通ろうが、左側を通ろうが、構わないけれども、ただ、各人が勝手なことをやったら、交通事故が多発するのは確実です。「私は右側通行をする。あなたは左側通行でどうぞ」と言っていたら、あちこちで事故が起きますから、例えば、「左側を通る」という一定のルールを決めなくてはなりませんし、決められたルールには従わなければなりませんね。

「一定のルールを定めた法律があって、それを犯さない範囲では、各人の自由は保障されている」というのが私の基本的な考え方です。

自由の担保として、やはり法律は必要です。それは、「自分以外の人の自由を護《まも》るために、法律というものはあるのだ」ということです。自分だけの自由を護るためであれば、法律は要《い》らないのです。ただ、ほかの人にも自由はあるから、ほかの人の自由を護るために、共通項《きょうつうこう》として法律というものがあるわけです。

しかし、その法律が無制限に増えていけば、結局、全員にとっての制約になってきて、自由が狭《せば》められていくことになります。これは、やはり大いに憂《うれ》うべきことです。「法律がどんどん増えていく」というのは恐るべきことなんですね。

また、「政治的に多数を形成することによって、自分たちに都合のいい法律をたくさんつくれる」ということになれば、正義に悖《もと》ることにもなりかねません。

ナチスは、合法的に国会で多数を占《し》めたあと、独裁制につながる法律を数多く制定し、次に、いろいろなものの機能を停止させ、そういう過程を経て、独裁制に持っていきました。

私は、今の日本の民主党にも、それに似た危険性を感じているんですよ。民主党は、数の力でもって法律をつくり、いろいろなものの機能を停止しようとしています。例えば、今、公務員の機能を、一部、停止しようとしかかっているようにも見えます。このあと、いろいろなものの機能が停止していきそうな感じがするのです。

独裁者が出てきやすい素地ができている、あるいは、「独裁者になりたがっている人が政権内部にいるのではないか」と感じられますね。それが、とても心配です。

ハイエクは「ソクラテスの生まれ変わり」

私は、経験的に、「人民の多数は、その認識力によって、その時点で正しいものを選べる」とは、なかなか思えないんです。

多数の意見というものは、未知の領域においては必ずしも正しいとは言えません。経験則上、「正しい」と、はっきり分かっているものについては、よろしいのですけれども、「これから始まる未知の領域においては、多数の意見が正しいとは必ずしも言えなくて、新しい起業家なり発明家なりが道を拓《ひら》くことが多い」ということを知らなくてはいけないのです。

みなさんの多くは、なかなか信用なされないかもしれないし、幸福の科学で初期に出された本の内容の修正を必要とするので、どうしようかと迷ったのですが……。

あなたがたは、エマソンという人を、ソクラテスの「魂《たましい》の兄弟」として習っていたでしょう。ただ、それには、もう一段の研究を欠いているところがあって、エマソンは、過去世《かこぜ》で、ソクラテスの議論仲間というか、ソクラテス学派の一人であったことは事実ですが、ソクラテスそのものではありません。彼は、ソクラテスの生まれ変わりではないんです。

ソクラテスの生まれ変わりは、実はハイエクなんです。私がソクラテスの生まれ変わりです。

だから、私が説いている哲学《てつがく》はソクラテスの哲学と同じです。初期の霊言をお読みになってください。ソクラテスが「理念経済学」を説いているはずです（『大川隆法霊言全集　第9巻』〔宗教法人幸福の科学刊〕参照）。なぜソクラテスが理念経済学を説くんですか。本来は説くはずがないでしょう。ハイエクが魂の兄弟だからです。私がソクラテスなんです。

そういう意味では、私は、民衆の横暴というものに対して、実は十分な恐怖心《きょうふしん》を常に持っていて（笑）、「民衆は、正しい判断を、いつもしてくれるとは限らない」と考えています。

私は、「自由ということが、どれほど大事か。特に言論の自由が、どれほど大事か。言論の自由に対して、民衆が、どれほど圧迫《あっぱく》を加えてくるか。あるいは、権力が、どれほど圧迫を加えてくるか」ということを、身をもって知っている者の一人です。

あなたがたの宗教思想においては、「環境《かんきょう》は、すべて、心の表れである」という思想が中心ではありましょうし、個人のレベルでは、そう言えるとは思いますけれども、全体のレベルにおいては、例えば、ナチスのような政党が、この日本に出現し、生まれによって運命を決められたら、ガス室から逃《のが》れられませんよ。

例えば、「ユダヤ人に生まれたら、全員がガス室へ行かなくてはならない」と決められたら、どうしますか。あるいは、どこでもいいんですが、「太平洋側の人は明るいから、生き残ってもいいけれども、日本海側の人は暗いから、みな、ガス室へ送る」と、こんなことを誰かに決められたら、たまったものではないでしょう。例えばの話ですよ。

まあ、そのようなことがあるわけですね。

ですから、私が、今、いちばん言いたいのは、「自分たちが知らないうちに、全体主義のなかに組み込まれていき、気がついたときには手遅《ておく》れであることが多いのだ」ということです。

まもなく〝悪魔《あくま》の天下〟が始まる？

今の日本の民主党は、「子育て支援《しえん》」とか言って、学費を無料にするわけですね。非常にいいことのように聞こえます。国に金が余っていれば、これは、やってもいいことですよ。ドバイ首長国のように、原油で財政が潤《うるお》っていて、国民が税金を払わなくていいような国であれば、学費が全部ただで当然ですよ。税金を取ったらおかしいんです。

ただ、「財政赤字で国が破綻《はたん》するかもしれない」などと言っているときに、金をばらまける人たちに対しては、どんな神経をしているのか、やはり、いちおう疑ってかかるべきであると思いますね。

これによって、子供も全部、国家で管理しようとしているわけでしょう？　だから、親がいなくてもいいわけです。親は死んでも構わないんです。親をガス室や収容所に入れても、子供は国家が教育するから構わないんですよ。これは分かりますか。

あとは、年を取った人たちを、みな、年金とか医療《いりょう》保険とかで、全部、国家が面倒《めんどう》を見ようとしているんでしょう？　税金を高額に変えていってね。これも恐ろしい。「年を取ったら、全部、国家の管理下に置かれる」というのは、非常に怖いことです。

年を取れば、若いときのように自由に働くことも意見を言うこともできなくなり、体も不自由になってきます。「国家が、全部、面倒を見てくれる」というけれども、国家が全員をガス室へ送ることだってあるわけです。「税金が足りなくなったので、すみませんが、六十五歳《さい》になったら、ガス室にお入りください」と言われたら終わりですからね。

これは法律のレベルで可能です。今の民主党もそうですけれども、国会で過半数を取っていれば、こういう制度を法律でつくれるんです。しかも、議決そのものは一日で済むんですよ。だから、「六十五歳以上の人は、税金の無駄遣《むだづか》いになるから、死んでいただきます」という法律が通るんですよ。

六十五歳以上の人について、例えば、「政治家だけは例外とするが、それ以外の人には死んでもらう」ということだって、ありうるわけです。あるいは、「病気になった人には死んでもらう」などということがありうるんですね。

「自由」の防衛のためには、やはり、個人が戦わなければ駄目《だめ》です。制度的なもの、国家的なもの、大きな枠組《わくぐ》みのものが悪に覆われてきたときには、個人は戦わなくてはいけないのです。しかし、どうしても戦えない場合もあります。そのときには、逃《に》げないかぎり、勝ち目がないんですね。

今、まだ民主主義が死ぬ前であるならば、あなたがたが戦おうとしていることは、非常に大事なことです。

特に、「宗教的な良心をバックにして政治活動をする」ということは大事だと思いますよ。

まもなく〝悪魔《あくま》の天下〟が始まる可能性がとても強いんです。

だから、その意味では、言論あるいは政治活動を通じて、道を拓いていくことが大事であると私は思います。

「言論の自由」が護《まも》れなくなると、日本は死を迎《むか》える

ハイエク　ほかに何かあれば……。

B――　いえ、もうお時間がまいりましたので……。

今、「ハイエク先生はソクラテス様の生まれ変わりであった」ということを教えていただきましたが、ソクラテス様が「悪法もまた法なり」とおっしゃられた方であることを考えると、ハイエク先生が、「法の下《もと》の自由」というものを重視なさっていることや、民主主義が圧政に堕《だ》することを心配しておられることなどが、筋として非常によく分かりました。

ハイエク　私は民主主義が本当はあまり好きじゃないんですよ。殺されますからね。だから、嫌《きら》いなんだ。多数決は嫌いだ。すぐ殺すから。

哲学者なんて、数が少ないに決まっています。先ほども言ったけれども、資本家は数が少ないからやられるのと同じで、哲学者などの思想家や知識人も、やはり数としては少ないので、政治的な裁判などにかけられたら、気をつけないと、本当に殺されるんですよ。

だから、「言論の自由」等は、しっかり護《まも》らないと駄目です。

「リバティ」とか「フリーダム」とかいう言葉があるけれども、いや、あなたの雑誌の名前を護ってくださいよ。「ザ・リバティ」が自由に記事を書けなくなったとき、日本は死を迎《むか》えることになりますよ。恐れて書けなくなったら、それが日本のターニング・ポイントであり、あなたがたが地獄へ入っていく道だと思ったほうがいいですね。

B―― はい、幸福の科学と幸福実現党が共に努力して、自由の価値を護ってまいります。

本日は、まことにありがとうございました。

大川隆法 ご苦労さまでした。

（聴衆に）以上です。難しかったでしょうか。分かりました？

まあ、もう、「何でもあり」ということです。今は、宗教家でなくても、政治家でも、経済学者でも、宇宙人でも（会場笑）、何でもありで、地球近辺にいる霊なら、呼べないことは、ほとんどありません。念波が届かない所にいる霊の場合は無理ですが、マルクスの霊のように、「無意識界」で百二十年も寝《ね》ている人でさえ引きずり出せる力はあります。

あと、中国については、「毛沢東《もうたくとう》の霊言」をすでに収録してあります。彼は、政治的には、あの世から、まだ中国を指導しているようです。「マルクスの霊言」と併せて一冊の本になるので（『マルクス・毛沢東のスピリチュアル・メッセージ』〔幸福の科学出版刊〕）、この二人の霊言を一緒《いっしょ》に読むと、彼らの狙《ねら》いがよく分かると思います。

そして、今日の「ハイエクの霊言」のように、それとは反対側の意見のほうも出しておかないと危険でしょうね。そう思います。

まあ、「ザ・リバティ」も頑張《がんば》ってください。

B――　ありがとうございました。

第2章

公共投資のあるべき姿

二〇一〇年四月二十日　ケインズの霊示
総合本部にて公開収録

ジョン・メイナード・ケインズ（一八八三〜一九四六）

イギリスの経済学者、官僚《かんりょう》、ジャーナリスト。従来の自由放任型の経済理論を批判し、政府による積極的介入《かいにゅう》の必要性を主張した。世界で初めてマクロ経済学を体系化し、「ケインズ革命」と呼ばれる経済学上の大変革を起こした。主著は『雇用《こよう》・利子および貨幣《かへい》の一般《いっぱん》理論』『貨幣論』など。

［質問者二名は、それぞれC・Dと表記］

1　経済系の霊人《れいじん》にとって「霊言《れいげん》」は初体験

大川隆法　今日は、経済系の霊人《れいじん》の霊言《れいげん》を試みてみます。

今、日本における大きな問題の一つが、「経済のあり方」だと思います。そこで、先日の「ハイエクの霊言」（本書第1章）に続いて、有名な経済学者である、ケインズ、シュンペーター（本書第3章）、それから、日本人の上杉鷹山《うえすぎようざん》（『富国創造論』〔幸福の科学出版刊〕所収）の霊言を収録できればと考えています。

霊言の新鮮《しんせん》さを保つために、私は、これらの霊人とは、一切《いっさい》、事前に話をしていません。過去に呼んで話をしたこともなく、「今、どこで何をしているか。天国にいるのか、地獄《じごく》にいるのか」ということについても知らないので、霊言がどのような内容になるかは、やってみなければ分かりません。

事前に話をすることで、あまり出来すぎた内容になってもいけないので、事前練習なしでやります。そのため、質問者の力量にもよるでしょうが、まったく話にならないこともありえます。その場合は、お許しください。

彼らが日本語を話せるかどうか、私は確認していませんが（笑）、年代の古さから見て、光の天使である場合は、おそらく大丈夫《だいじょうぶ》だろうと思います。ただ、万《まん》一《いつ》の場合は、通訳が必要になる可能性もあります。

ケインズの場合は英語でしょうが、シュンペーターは、ドイツ語で本を書いているように、オリジナルはドイツ語なので、通訳をできる人がこの会場にはいないかもしれません。ただ、彼は生前、アメリカに行って講義をしているので、英語も話せるとは思いますが、なるべく日本語での会話をお願いしたいとは思っています。

そういうことで、ぶっつけ本番でいきます。〝何者〟が出てくるかは分かりませんが、高級霊だったらいいですね。

先日、「ハイエクの霊言」のなかで、「ケインズの過去世は秦《しん》の始皇帝《しこうてい》だった」というような少し怖《こわ》い話もちらっと出ていました（第1章参照）。そうであるならば、死後、いったんは地獄をくぐっているはずなので、現在、どうなっているかは分かりません。

（質問者たちに対して）それでは、よろしいですか。

ノーベル賞級の経済学者の霊を呼ぶというのは、やや宗教家の分を過ぎたことかもしれません。普通《ふつう》は、宗教家のところには降りてこない人たちでしょうし、また、ほかのところにも出ていないでしょうから、彼らにとっても、おそらく霊言は初体験でしょう。

幸福の科学以外には、どこにも出られるはずがないので、初体験だと思います。

そのあたりを理解した上で、上手《じょうず》に質問をしてみてください。文系科目ではあるので、話の内容は分かるはずです。その意味では、物理学者や数学者の霊言よりはましだろうと思います。

2 「ケインズ経済学」の正しい使い方

大川隆法　それでは、トライします。（一回、深呼吸をする）

世界的経済学者ジョン・メイナード・ケインズさん。

ジョン・メイナード・ケインズさん、ジョン・メイナード・ケインズさん。

世界的経済学者ジョン・メイナード・ケインズさん、ケインズさん。

願わくは、われら幸福の科学、幸福実現党に、日本経済と世界経済のあり方について、何らかのご指導をお願いしたいと思います。

ケインズさん、ジョン・メイナード・ケインズさん、ご指導をお願いいたします。ケインズさん、お願いします。

（約四十五秒間の沈黙《ちんもく》ののち、五回ほど深呼吸をし、さらに約十五秒間の沈黙）

ケインズ　ケインズです。

C――　ケインズ先生、本日は、直接、ご指導を賜《たまわ》れますことを、心より感謝申し上げます。私は幸福実現党で政策を担当している◯◯と申します。よろしくお願いいいたします。

ケインズ　ふん、ふん。

C――　私からは、幸福実現党の経済政策や、混迷のなかにある日本経済について、質問をさせていただきます。

料金受取人払郵便

荏原支店承認

1052

差出有効期間
平成24年9月
30日まで
(切手不要)

142-8790

4 5 6

東京都品川区
戸越1丁目6番7号

幸福の科学出版(株)
愛読者アンケート係 行

フリガナ お名前	男・女	歳
ご住所 〒 都道府県		
お電話 ( ) —		
e-mail アドレス		
ご職業 ①会社員 ②会社役員 ③経営者 ④公務員 ⑤教員・研究者 ⑥自営業 ⑦主婦 ⑧学生 ⑨パート・アルバイト ⑩他 ( )		

ご記入いただきました個人情報については、同意なく他の目的で使用することはございません。ご協力ありがとうございました。

愛読者プレゼント☆アンケート

『未来創造の経済学』のご購読ありがとうございました。今後の参考とさせていただきますので、下記の質問にお答えください。抽選で幸福の科学出版の書籍・雑誌をプレゼント致します。(発表は発送をもってかえさせていただきます)

1 本書をどのようにお知りになりましたか。

①新聞広告を見て [朝日・読売・毎日・日経・産経・東京・中日・その他 (　　　　)]
②その他の広告を見て (　　　　)
③書店で見て　④人に勧められて　⑤月刊「ザ・リバティ」を見て
⑥月刊「アー・ユー・ハッピー?」を見て　⑦幸福の科学の小冊子を見て
⑧ラジオ番組「天使のモーニングコール」「元気出せ！ ニッポン」を聴いて
⑨BSTV番組「未来ビジョン」を視て
⑩幸福の科学出版のホームページを見て　⑪その他 (　　　　)

2 本書をお求めの理由は何ですか。

①書名にひかれて　②表紙デザインが気に入った　③内容に興味を持った
④幸福の科学の書籍に興味がある ★お持ちの冊数＿＿＿＿冊

3 本書をどちらで購入されましたか。

①書店 (書店名　　　　) ②インターネット (サイト名　　　　)
③その他 (　　　　)

4 本書へのご意見・ご感想、また今後読みたいテーマを教えてください。

(なお、ご感想を匿名にて広告等に掲載させていただくことがございます)

5 今後、弊社発行のメールマガジンをお送りしてもよろしいですか。

はい (e-mailアドレス　　　　)・いいえ

6 今後、読者モニターとして、お電話等でご意見をお伺いしてもよろしいですか。(謝礼として、図書カード等をお送り致します)

はい ・ いいえ

弊社より新刊情報、DMを送らせていただきます。
新刊情報、DMを希望されない方は下記にチェックをお願いします。

DMを希望しない □

ケインズ　ふん、ふん。

Ｃ――　ケインズ先生は、不況《ふきょう》や失業の問題において、「有効需要《じゅよう》の不足」という視点を発見され、政府による公共事業、公共投資の重要性ということを訴《うった》えられました。

そして、それが「マクロ経済学」となり、世界のさまざまな国で「ケインズ政策」というものが採られてきました。

特に、現在、アメリカの金融《きんゆう》危機を発端《ほったん》とする世界的な景気後退のなかで、ケインズ政策が見直されようとしています。

しかし、日本においては、ケインズ政策が、どちらかと言うと、経済効果の少ない「ばらまき」、あるいは利権誘導《ゆうどう》など、「人気取り政策」のようなかたちで使われることが多く、その結果、財政赤字の拡大や、年金等の社会保障の破綻《はたん》といった、国家の財政的な危機をもたらしています。

そこで、天上界《てんじょうかい》からの視点も含《ふく》めて、正しい経済政策のあり方や、長期間デフレ下にある日本経済への指針について、お伺《うかが》いできればと思います。

先進国の財政赤字は、私の責任なのか

ケインズ　まあ、百年近い前につくった経済学なのでね。

君たちも、百年後に通用する経済理論とか、政治理論とか、宗教理論とかをつくるのは、なかなか大変だろうよ。

日本は、国債《こくさい》の発行残高が累積《るいせき》して財政赤字だというので、全部、ケインズを悪役にしているようだ。「ケインズ経済学が、国債の発行残高を増加させ、国家

財政を赤字にしている」と、そういうふうに決めつけているようだな。

うーん、まあ、「ケインズは死んだのか。生きているのか。甦《よみがえ》ったのか。まだ死んだままなのか。葬《ほうむ》られたのか」などと、種々に議論はなされているようだが、まあ、なかなか難しいよ、現実は。

実体経済も、ずいぶん変化してきているしね。昔とはだいぶ状況が違《ちが》うので、私のころと同じようには行かないだろう。今、私がやるとしても、生前と同じようにやるかどうかは、ちょっと分からないところがあるね。

私は、インド省の役人としてインドの植民地経済を勉強したり、それから大蔵省の仕事をしたりもした。そのように、官界等でもいろいろ仕事をしたことがあるので、私の経済学は、そういう実務を中心として、現実の仕事を見ながらつくり上げたものなのだよ。

だから、現在の二〇〇〇年代の状況を見たときに、一九〇〇年代の前半とまったく同じ経済学をつくるかどうかは分からないね。少なくとも、「ピラミッドをつくれ」とは言わないと思うよ（笑）。まあ、ピラミッドをつくるのは、ラスベガスぐらいで十分だ。ほかではつくらなくていいと思うな。

そうねえ、まあ、責任はあるかなあ。世界の先進国の財政赤字について、責任の半分以上は私にあると思われているのかもしらんなあ。うーん。

ケインズ経済学の根本は、インド省時代の経験にある

でも、もともとの発想は、今言ったとおりであって、イギリスが繁栄《はんえい》していたころの経済学ではあるのでね。当時のインドでは、やはり何か巨大《きょだい》な投資をしないと、国自体に発展する余地がなかったわけだな。

したがって、発展途上《とじょう》国や農村レベルの国家を工業国家に変えていこうとすれ

ば、巨大投資が必要だ。それは、どうしてもしかたがないことなんだ。

税金を取ろうとしても、たいていの場合、貧しいからねえ、税金をそんなに取ることができない。だから、「まず、国債などで資金を集め、投資をして新しい産業をつくり、国民の所得を増やし、そのあと税収が増えてくる」というスタイルになることは事実だ。

そういう考え方は、例えば、企業《きぎょう》などでも同じだろうと思う。会社を起こすときには、銀行からお金を借りて事業を始め、「できれば、三年か五年ぐらいで返したい」というようなスタイルが多いよね。「始めて三年ぐらいで採算を取り、黒字に変えていく」というかたちで、借入金《しゃくにゅうきん》をもとにしてやっていくのが、現代の経営スタイルだね。

そして、大会社になると、もう借金を返さず、「ロールオーバー（借り換《か》え）」をする。銀行のほうも、借金をそのまま回転させながら、借り続けてもらうほうがありがたいのでね。「借金をいったん返すが、また同じ額を借りる」というかたちにすることで、銀行は、「貸付金をずっと維持《いじ》して利息を取る」という商売をしている。

まあ、こういう発想は、ある意味で、姿を変えたケインズ経済学だと思うね。だから、ケインズ経済学の発想の根本は、やはり、インド省の役人としてインドに赴任《ふにん》し、現地で見てきた状況から出ているものだ。インドで産業をつくろうと思ったら、そうとうインフラ整備をしなければ無理なのは分かっているので、どこかから資金を引いてくる必要があるよね。

それは、借金が先行するように見える面もあるけれども、将来の国家目標として、「どういう国家に変えていくつもりか」という明確なデザインがあり、現実にそれをやってのけて、産業の振興《しんこう》を図《はか》り、税収を上げ、投資した資金の回収までしていくだけの能力があれば、やり遂《と》げられないことはないだろう。

けれども、例えば、政治家が投資を行っても、一年や二年という短い期間で政権が替《か》わり、その後の責任を取らないような状態が続く場合には、うまくいかない。

あなたは、「ばらまき」ということを言っていたけれども、選挙のたびに、お金を撒《ま》くような政策ばかりやっていたのでは駄目《だめ》なんだ。投資したあと、「税収を上げて、資金を回収し、国家の繁栄をつくっていく」という投資効果のところまで責任を持って見ているならばよいが、今は、目先の選挙のためだけに、「ばらまき」型でいろいろやったことが、国の借金を過剰《かじょう》に大きくするような状態になっていると思う。

また、発展途上国では、ケインズ経済学をそのまま使って、ものすごいハイパーインフレーションが起き、お金が「紙くず」のようになったところもある。やはり、行政手腕《しゅわん》、経営手腕というのは、人によってだいぶ違うのでね。

ケインズ政策はドラッカーの「目標管理」と似たようなもの

私の経済学は、この前、ハイエクに皮肉られてはいたけれども、王様のような終身制だと、いちばん効果が大きい経済学だな。「死ぬまでやれる」という終身制で、「年齢《ねんれい》から見て、あと何十年やれる」という見通しがあれば、うまくいく。

例えば、エジプトのピラミッドだって、完成までにだいたい四十年かかっているからね。ピラミッドの建設には、当然、その間《かん》の失業対策も入っていて、農閑《のうかん》期《き》の貧しい農民たちに仕事をこしらえていたわけだよ。

農業は、仕事のできる期間が限られているため、農作業ができない時期はどうしていたかというと、山間部へ行って石の切り出しをしていたのさ。四角い石を切り出し、それから、増水した川で、いかだの下にその石をくくり付けて運ぶんだ。

これは浮力《ふりょく》の原理だよね、君。いかだの上に乗せるやつは、ばかだ。上に乗せたら沈むからね。いかだの下に石をくくり付けて運んできて、ギザのピラミッド等をつくっていく。そうすると、失業対策になるわけだよ。

私が、奴隷《どれい》を酷使《こくし》したような言い方をされているけれども、それはやや不本意だ。そのような面も一部にはあったかもしれないが、そういうピラミッドや神殿づくりをやった人たちは、奴隷階級の人たちばかりではなく、きちんと身分があり、名のある人たちも一緒《いっしょ》に働いていたんだよ。

それは国興《くにおこ》しの一部だったし、失業対策も兼《か》ねていたということだ。やはり、単にお金をばらまくよりは、何か、ものをつくることが大事だからね。

要するに、まあ、私は頭が良すぎてねえ、先にやってしまうんだよ。普通《ふつう》、〝お墓〟などは死んでからつくるでしょう？　それが普通だよね。だけど、死ぬ何十年も前からつくってしまうんだ。私は、ちょっと頭が良すぎて、先が見えるものだから、自分が死ぬ時期から逆算してつくってしまい、自分が死んだあとに迷惑《めいわく》がかからないようにしたわけだよ。うん。

これがケインズ経済学の原理なんだな。基本的に、私は、頭が良すぎて、先が見えるので、発展の先取りをしてしまうということだね。

でも、ドラッカーさんが言っている「目標管理」なんていうのも、基本的には似たようなものなんだよ。「結論として、会社をどういう姿に持っていくか」という目標を立て、そこから逆算して計画をつくり、現在やらなければいけないことをやっていくということだな。

だから、私は、ケインズ経済学そのものが、まったく無効だとは思わないよ。

今の日本は、一年か二年か三年ぐらいで、すぐに衆議院を解散したりするんでしょう？　そして、前政権がやったことについて、まったく責任を取らずに、

「チェンジ」などと称《しょう》して新しいことをやっている。こんなことをされたのでは、ケインズ政策は効《き》かないんだよ。

やはり、投資を行ったら、最後まで責任を取らなければいけないんだ。ところが、「人が変わったら、全然、別なことをしてもよい」という感じでやられたのでは、効かなくなってくるんだ。

したがって、ケインズ政策は、どちらかというと、王様が治める国とか、言葉は少し悪いけれども、帝政《ていせい》とか、専制君主制とか、あるいは、一党独裁が続いているような、どこかの悪い国のほうが（笑）、意外に効きやすい政策であることは事実だな。

国家レベルで巨大なケインズ政策が採られる場合は、だいたい、国全体が貧しいか、荒廃《こうはい》していることが多いだろう。そのように、挙国一致《いっち》で取り組まなければいけないような場合に、役に立つ政策であるということだな。

財政赤字の原因は、経営の技術が足りないことにある

日本の財政赤字について、個人の経営を例に考えてみようか。

例えば、あなたが失業したとする。失礼なことを言って申し訳ないけれども、今日、クビになって、「明日《あした》から来なくていい」と言われたとする。これは、今の日本ではよくある話だ。

それで、「明日から何をしようか」と考えたところ、まあ、おでんが好きだということで、「おでん屋をやろう」と思いついたとする。

だけど、おでん屋をやるには、何もなしではできないので、まず屋台を仕入れてこなければいけない。つまり、設備投資が要《い》るわけだよ。

屋台を買うか、あるいは、借りるにしても、手付金などの前払《まえばら》いをしなければ

いけないし、おでんの材料も仕入れなければいけないので、その仕入れルートを確保して、材料を買い込《こ》まなければならない。そういう先行投資が必要だ。あとは、毎晩、屋台を引きながら、おでんを売って歩かなければいけないわけだが、まあ、寒い日にはよく売れても、暖かい日には、みな素通りして寄ってくれなくなる。

そのため、一カ月間の売り上げ予測は、そう簡単に立つものではないし、年間の予測となると、さらに難しい。

だから、経営者としてはね、設備投資して、おでんをつくる屋台を一台、購入《こうにゅう》あるいはリースしたら、寒い冬場は、おでんを売ってもいいかもしらんが、桜のころになったら、花見客を狙《ねら》って綿菓子《わたがし》や甘酒《あまざけ》を売ったり、夏になったら、かき氷やアイスクリームを売ったりして、生き延びなければいけないわけだよ。

これが経営努力というものだ。だから、屋台を有効利用し、真夏になったらアイスクリーム屋に化けたって構わないし、かき氷屋になっても、たこ焼き屋になってもいいわけだよ。冬になったら、日によってはラーメン屋に変わったって構わないわけだよ。

「投資したものを、どのようにして、利益を生むスタイルに持っていくか」というところは、やはり、経営の技術が要るわけだな。日本の場合、その経営の技術が十分でないところが、財政の赤字をいろいろと生んでいると思われる。

ケインズ経済学は、長期的なスパンで考えるべきもの

だから、「投資さえすれば、経済がよくなる」というように短絡的《たんらくてき》に考えているならば、国も地方公共団体も赤字が累積していって困ることになる。また、そもそも日本国憲法では、「予算の単年度制」の規定があって、「予算は一年で使い

切ってしまえ」ということになっている。しかし、このような制度は、別にケインズ経済学が決めたわけでは決してないからね。

先日は、ハイエクに「ケインズ政策の元祖は、万里《ばんり》の長城《ちょうじょう》やピラミッドだ」と言われたが、発想としては、数十年から数百年をかけて回収するつもりでいるわけだ。

君、万里の長城だって、そうだよ。長大な中国の防衛ラインが、どこからでも匈奴《きょうど》に侵入《しんにゅう》されるような状態だったら、いろいろな町が襲《おそ》われて被害《ひがい》を受けてしまう。しかし、これを全部を護《まも》るだけの軍隊を各地に駐屯《ちゅうとん》させたら、大変な軍事費用がかかるし、そうかといって、匈奴に荒らし放題に荒らされたら、経済的なマイナスもすごく大きいよな。

そこで、暇《ひま》なというか、まあ、暇ではない人もいたかもしれないが、農閑期の百姓《ひゃくしょう》等をかり出し、それから、事務仕事をしている役人たちもかり出して、万里の長城を築かせたわけだ。

つくっている間《あいだ》は、お金はかかるし、なかなか大変だが、いったん出来上がってしまえば、匈奴の侵入は一切なくなり、完璧《かんぺき》にシャットアウトすることができた。被害はまったく出なくなったし、軍事費用もずいぶん削減《さくげん》できたんだ。

匈奴というのは、軽装で足が速く、一日に百キロも二百キロも移動するので、どこから襲い掛《か》かってくるか分からない。そのため、事前に重装備をして攻撃《こうげき》に備えることは不可能だったので、そこがいちばんの悩《なや》みの種だった。多数の軍隊を駐屯させると、国家の軍事予算はものすごくかかるしな。

したがって、万里の長城は、つくるのは大変だが、いったん出来上がってしまえば、兵隊がそんなに要らなくなるという効果があったわけだ。

このように、ケインズ経済学は、基本的に、ある程度の長いスパンで物事を考える力がなければ、うまくいかないんだよ。

確かに、十兆円や二十兆円の財政出動をしたら、目先は、株価がパッと上がったり、従業員に給料を払えたりするから、一見、失業対策になるように見えるけれども、ケインズ経済学は、もともとそういう短期的な視野でできているものではないということだね。「長期的に見て、国家経営にとってプラスになるかどうか」という見方が必要であり、五十年や百年ぐらいのスパンで考えてもらいたいものだな。

国家のインフラ整備のためには、「政経分離《ぶんり》」が必要

日本は、戦後、六十五年ぐらいたったのかな？　もし、私が、敗戦後の日本に赴任し、「ケインズ理論で、この国を立て直せ」と言われたら、やはり、もっと長期的な判断をしただろうね。

アメリカは、すでに自動車王国になっていたから、戦後の日本も自動車王国になるだろうと考え、「もっと幅《はば》の広い、百メートル道路を日本全国に敷《し》くべきだ」と、おそらく言ったと思う。それから、幹線鉄道も必要になるだろうから、全国の主要な所に鉄道を敷くために用地買収をかけて、インフラ整備をやったと思うね。

昔、後藤新平《ごとうしんぺい》という東京市長が、関東大震災《だいしんさい》後の都市計画として、それに近いことを考えたそうだけど、日本人はケチだから、「百メートル道路」なんて考えることができなかったようだね。

しかし、将来を見越《みこ》したら、当然そうすべきだ。終戦当時の政治家たちも、東京がこんな一千何百万もの大都市になるとは思わなかったんだろうね。せいぜい、三、四百万ぐらいまでしか人口が戻《もど》らないと思っていたようだからね。

ちなみに、名古屋のほうは、トヨタという自動車会社があることもあり、道路が広いようだ。

ケインズ経済学というのは、だいたいそういうものなんだよ。ミクロの見方ではなく、マクロの見方で考える。だから、国家の復興をそのようなかたちで考えていれば、日本はもっとすごい国になっていたと思うね。

このあたりが、ケインズ経済学の誤用というか、短絡的理解がなされている部分かな。もし、ケインズ経済学を今でも使うとするならば、いろいろな「政争の具」として使われるのは、あまり望ましいことではない。

政治のほうは、何党が政権を取ろうと、勝手にやってくれて構わないけれども、国家のインフラ整備や、巨大なプロジェクト系については、「政経分離《ぶんり》」をし、それらについては、何十年かの長い目で見て、きちんと採算を取っていく必要がある。

今の与党は、「役人が悪い」と言って、責めているんだろう？　だけど、ある意味で、長く仕事をやれるのは役人のほうだ。役所などが、何十年かかけて事業の進展を見守ってくれるような状況にあれば、ケインズ経済学は役に立つんだけれども、短期的な視点で「政争の具」として使われるのは、あまりいいことではない。そういうことだな。

C―― ありがとうございました。

ケインズ うん。

C―― 今のお話のとおり、日本では、ケインズ政策が誤解・誤用されて、短期的な視点で使われ、また、政争の具にもなっていると思います。

私たちは、長期的視点や経営的視点を取り入れた、「正しいケインズ政策」に取り組んでまいりたいと思います。

ケインズ　そう、その二点だね。「長期的にものを考え、責任を持って最終結果まで見届けることが必要だ」ということと、「設備投資に関して、関連需要を生むようなものの考え方をしなければいけない」ということだ。

先ほどのおでん屋の例で言えば、「おでん屋をやる」と決め込んでしまって、「おでん以外は売らない」という考え方をするのではなく、屋台がほかの商売にも使えるのであれば、シーズンごとに屋台を使い分けることを考えるべきだな。

そのように、「経営効率を上げ、経営力を上げる」ということと、「長期的視点で考える」ということの、この二点を加味し、そして、もう少し「政経分離」して、政争の具に使われないようにすれば、ケインズ経済学は、いまだに有効な理論であると思うよ。うん。

C――　ご指導ありがとうございました。

ケインズ　はい。

C――　それでは、次の質問者に替わらせていただきます。

ケインズ　ああ、そうかい。残念だね。君とはもっとゆっくり話したかったなあ（会場笑）。君は東京都の改造に関心があるんだろう？　もうちょっと訊《き》いてほしかったな。残念だなあ。そうかい。

3　二十一世紀以降の新しい経済学とは

D――　本日は貴重な機会を賜《たまわ》りまして、まことにありがとうございます。私は、幸福実現党の政策と、雑誌「ザ・リバティ」の編集を担当している○○と申します。

私のほうからは、未来の経済学という点について、質問させていただきます。これまで、何人かの霊人《れいじん》の方から、「新しい経済原理、新しい経済学というものを構想している」というお話をいただいています。

先年、アメリカ発の世界不況《ふきょう》が起こったわけですが、その原因の一つには、最近主流の「計量経済学」の限界があるのではないかと思います。

ケインズ　うん、うん。

D――　そこで、今、天上界《てんじょうかい》の経済学系の霊人の方々は、二十一世紀以降の経済原理に関して、どのような新しい経済学を構想されているのか、その点についてお伺《うかが》いできればと思います。

経済学者には「数学的頭脳」と「経営実務の目」の両方が必要

ケインズ　先ほどね、「経済学は文系だから、物理学者や数学者の霊言《れいげん》よりもやりやすいのではないか」とおっしゃっていたのをちらっと聞いたけれども、近代経済学というか、現代の経済学においては、数学がそうとうできなければ経済学

ズ」 人生の意味、成功のヒント、大宇宙の神秘——
あなたの疑問に答えきる、大ベストセラー・シリーズ

あなたは、この一冊に出会うために生まれてきた。

太陽の法

エル・カンターレへの道

創世記や愛の発展段階、悟りの構造、文明の流転、多次元宇宙の神秘を明快に、かつ体系的に説き明かした仏法真理の基本書。すでに6ヶ国語に翻訳され、全世界に愛読者を持つ現代の聖典。
2,100円

いま明かされる、仏の目から見た歴史の真相。

黄金の法

エル・カンターレの歴史観

あなたの常識を覆す、壮大なスケールで開示された過去・現在・未来の真実! 偉人たちの転生を西洋、東洋、日本に分けて解説し、人類の未来をも予言した空前絶後の人類史。2,100円

「あの世」のしくみが、すべて明らかに!

永遠の法

エル・カンターレの世界観

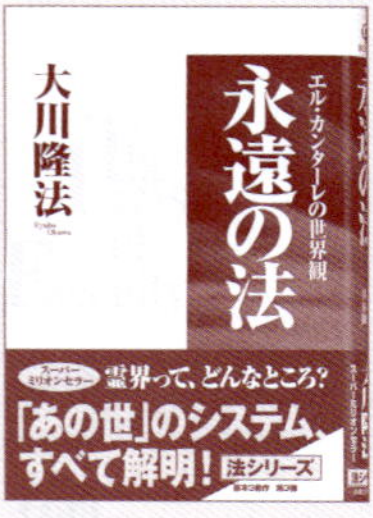

死後まもない人が行く世界から、神秘のベールの向こう側にある救世主の世界まで——。これまで隠されていた「世界」の全貌を明らかにした衝撃の書。
2,100円

※価格はすべて税込みです。

大反響！「公開霊言」シリーズ

一喝！吉田松陰の霊言
21世紀の志士たちへ

君、命惜しむなかれ —— わずか29年の生涯で、明治維新の立役者たちを育てた"魂の教育者・吉田松陰"が、21世紀の志士たちに、新たなる革命のはじまりを告げる。　1,260円

西郷隆盛 日本人への警告
この国の未来を憂う

もう一度、維新を —— 西郷隆盛が、ふたたび日本の未来を切り拓くために降臨した。いま必要なのは、革命ではなく、国づくりである。地の底より甦れ、日本！　1,260円

勝海舟の一刀両断！
霊言問答・リーダー論から外交戦略まで

「鳩山はハト派ではない。意外に戦争するよ」人物の見抜き方、マスコミ論、日本開戦の警告…etc　天才戦略家の知性が冴えわたる！　1,470円

福沢諭吉霊言による「新・学問のすすめ」

現代の「教員制度」や「学校無償化」への流れを、福沢諭吉はどう見ているのか？いじめ、学力低下、学級崩壊…危機的な日本の教育界を、根本から立て直す指針を提示する。　1,365円

者になれないんだよね。高等数学ができないと、近代経済学は理解できないんだ。幸いにして、私は数学がよくできて、いつも一番を取っていた。ごめんね、君たちとは違《ちが》うんだよ。数学はいつも一番を取っていて、たいていは教授よりもできたんだ。

まあ、それだけ数学ができた人間だから、近代経済学をつくれたんだけれども、先ほど言ったように、私には、実務からの発想というものがかなりあったんだよ。実際の「経営実務の目」を、もう一つ持っていたんだ。

そういう「経営実務の目」と、「数学ができる頭脳」とが合体しなければ、現在の計量経済学的なものは、本当は分からないんだよ。

「数学を使って、いろいろ金儲《もう》けができるような理論を組み立てていく」という金融《きんゆう》工学もあるけれども、それが、単なる数学的な発想だけで行われた場合には、机上《きじょう》の空論のようになってしまう。だから、数学だけができたとしても、本当の意味での「資本の原理」というか、「資本主義の原理」が理解できていない場合があるんだな。

数学的才能はあってもよいけれども、少しでもいいから現実経済を勉強してもらいたいんだ。会社の経営でも何でもいいので、人間心理、あるいは集団心理というものを、少し勉強してもらいたい。

そういう、実需《じつじゅ》に基づく経済の勉強をした上で、理論経済学のほうに向かっていけば、多少、間違いは少なくなると思う。しかし、単に数学だけがものすごくできる人が理論をつくっても、残念ながら、人間社会は機械とは違って生きた人間の集合体なので、計算どおりにはいかないんだよ。

そういう「経済的人間」というのは、やはり、この世には存在しないんだ。それは、あくまでも経済学の前提にすぎない。実際の人間は、人によって好みが違うので、「全員が、同じ条件下では、同じように考えて動く」というのは、ありえないことだよね。もし、そういうことがありうるならば、あれだけたくさんのブランドが存在するはずはないよ。

いろいろなブランドが存在するということは、それぞれのブランドを最高だと思う人がいるということであって、「それを選ぶ動機は、客観的なものではない」ということを意味しているんだ。「人は、非常に主観的な動機によって経済的行動を起こす」ということなんだね。

そのように、主観的動機でもって経済的行動を起こされるということになると、基本的に理論経済学は崩《くず》れるんだよ。それは成り立たなくなるんだ。やはり、「人はみな、主観的な動機のもとに、自分に有利な方向に動く」という考え方をしなければいけないんだな。

だから、人間心理や大衆心理など、いわゆる人文系の勉強も少しはしておかないと、経済学者が理論だけで商品をつくって売っても、失敗するわけだ。

「低所得者層でも家を持てる」というのは〝アヘン経済学〟

リーマン・ブラザーズの破綻《はたん》を見ても、結局、そうだったろう？

まあ、低所得層が家を持てるようにするためにつくった理論だったけれども、「現実には収入がほとんどないのに、『家』という財産を持てる」ということは、普通《ふつう》はありえない。

例えば、誰《だれ》かが補助金を出してくれるか、宝くじ風に、降って湧《わ》いたようにお金が手に入るか、そういう通常の経済原理とは違うものが介在《かいざい》しないかぎり、低所得層が、きちんとした一戸建ての家を持てるなどということは、ありえないことだよね。普通は、安アパートに住まなければいけないのが、当然の理《り》だよ。

ところが、「数値の操作によって、それができるようになる」と考えた、ノーベル賞レベルの頭脳を持った人たちがいたわけだ。それは、やはり、実体経済や人間の生活、あるいは人間の感情を理解していない証拠《しょうこ》だと思うんだよ。

そういうことが可能であるためには、お金がたくさんある人から、何らかのかたちで大量に〝マルクス的な搾取《さくしゅ》〟をするか、どこからともなくお金が降って湧いてくるような状況がなければいけない。

先ほど、私はラスベガスの話をしたね。ラスベガスにはピラミッドもスフィンクスもあって、私には懐《なつ》かしい風景なんだが、あいうラスベガスのようなところで、お金持ちに余ったお金をたくさん注《つ》ぎ込《こ》んでもらい、利益として出た、その巨大《きょだい》な資金をばらまいてくれるような場合だね。

あるいは、「『もっとお金を儲けよう』と思って欲に目が眩《くら》んでいるお金持ちを理論的にうまく騙《だま》し、彼らからお金を巻き上げてばらまく」という操作だな。サブプライムローン問題の場合、現実には、こちらをやったというべきだね。

数学上の計算によって、「低所得層でも家を持てるようになる」ということを言ったわけだ。

要するに、いろいろなものを複合的に組み合わせることによって、債務不履行《さいむふりこう》による損の部分を全世界に散らせば、「いったいどの部分が損になっているのか」が分からなくなるということだ。

CDO（債務担保証券）やCDS（債務不履行によるリスクを回避《かいひ》するための金融派生商品）などを複合的に組み合わせた金融商品をつくり、それを世界中にばらまけば、「いったいどの部分が、誰の借金なのか」が分からなくなるということだな。

そのような金融商品をつくることによって、損の部分を〝透明《とうめい》〟にし、誰の借金なのかを追跡《ついせき》できないようにしたわけだ。

ま、これは一種のごまかしだな。これこそ、アヘンだ。「貧乏人《びんぼうにん》でも家を持てるようにする」という〝アヘン経済学〟に大統領などが見事に食いついてしまったし、アラン・グリーンスパンという、もともとは頭の良かった人も騙された。それほど巧妙《こうみょう》な「詐欺師《さぎし》的理論」がつくられて、みな引っ掛《か》かったわけだな。

しかし、実際に実体経済の世界でやってきた人が、まっとうなアドバイスをしたならば、ああいうことにはならなかったはずなんだ。もっと分かりやすく言えば、実際に、世界恐慌《きょうこう》を経験し、貧乏のなかから商売をして店を大きくしたり、家を建てたりしたことがあるような、おじいさん、おばあさんの世代が生きていて、彼らが「世の中に、そんなうまい話があるわけはない」というアドバイスをしたならば、よかったんだよ。

普通の人間の常識的な判断では、「おかしい」ということが分かるのに、数学によって騙されるということが起きたわけだ。

数学というものは、まず一定の前提があり、それから、「この場合には、必ずこういう結果になる」という原理・原則があって、それに則《のっと》って結論が導かれる。

あなたも、昔、数学のテストを受けたことがあるだろうけれども、もし前提が間違っていたら、あとは全部間違いになるよね。例えば、証明問題などで、「場合分け」をしたりするだろうけれども、最初の前提を間違えたら、そのあとは全部間違いになる。

ただ、全部間違いになっても、いちおう筋が通っていたら、学校のテストでは「部分点」をくれたりすることがあるけれども、実体経済では「部分点」はもらえないから、全滅《ぜんめつ》してしまうんだよ。

「未来の経済学」の三条件とは

そういうことが、最近、起きたということだな。これは、ある意味で、「経済学に倫理《りんり》がなくなった」ということでもある。「倫理」という言葉で言っていいのか、「人倫の道」と言ったらいいのか、私にはよく分からないが、人間として生きていく上での「正しさ」かな？

単純に言えば、「やましさのない経済行動によって豊かになることは素晴《すば》らしいけれども、やましさのある経済行動で豊かになることは、恥《は》ずかしいことである」ということだな。

やましいことでお金を儲ける方法は、世の中にはたくさんあると思う。例えば、麻薬《まやく》を売って儲ける人もいるし、自分の手を汚《けが》したくなければ、裏で糸を引くだけでマージンを稼《かせ》ぐ人もいる。実際、自分は警察に捕《つか》まらないように、裏で糸を引きながら、麻薬取り引きをするような人も出てくる。

でも、「人倫の経済学」というか、「人間の健康を害するようなものを売ってお金を儲けることは、やはり、恥ずかしいことである」という考えが入ってくれば、そういうふうにはならないわけだな。

特に、数学や物理など、理論的な学問をやっている人のなかには、信仰心《しんこうしん》がない人も多いし、文学を理解しない人、例えば、シェークスピアも読まないような人がいっぱいいいるわけだよ。つまり、人の感情が読めない人がけっこういる。

多少、文学を読んだり、宗教を勉強したりしていれば、「悪徳商人などがどんな罪を犯すのか」「どんな人が地獄《じごく》に送られるのか」というようなダンテ的な世界観も分かるんだが、そういうことを考えずに、ただただ、利益が最大になるような方向に行くんだな。

そういう数学的な理屈《りくつ》でやってもいいんだけれども、そうは言ってもだね、これから先の経済学は、最初の動機の部分において「やましさ」があるものは、基本的に許されないものだと思わなければいけないな。

それから、マルクス経済学の間違いは、手段・方法の部分にある。動機としては、「貧乏な人たちを幸福にしたい」という気持ちがあったのかなとは思うが、その過程における手段・方法のところで、彼は「暴力革命を通して、ユートピアをつくる」ということを言った。

しかし、ユートピアはいつまでたっても来ないから、「ユートピアが来るまでの間《あいだ》は、暴力革命をやり続けても構わない」ということになる。その間《かん》、大勢の人が粛清《しゅくせい》され、殺され続けても、「これは、最終ユートピアが来る前の段階だから、しかたがないんだ」ということだな。

そういう理屈でいけば、「これは、将来、夢のような大都市をつくる前の段階なのだ」と言って、日本全国を放火して歩いても、構わないことになるわけだ。マルクス経済学の下《もと》では、現実に、そういうことが起きているということだね。

だから、「動機において善」であり、そして、その過程においては、「手段・方法の相当性」ということが必要だ。そういう、世間で認められている倫理にもとづいた、一定の裏付けは必要だな。

そして、「人類の豊かさを実現する」という結果が大事だ。この三拍子《さんびょうし》が揃《そろ》った経済学でなければ、「未来の経済学」としては、やはり不完全であると言わざるをえないね。うん。

あとは、先ほど、「ケインズ経済学には、長期的な視点が必要だ」という話をしたけれども、民主主義政治のなかで、目先の選挙対策のために使われてしまった面がある。これは「民主主義の罠《わな》」だよね。そういう、ばらまきに使われやすい政策だった点が、財政危機を招いた最大の原因かな。

だけど、ケインズ経済学は、まだ全部は死んでいないよ。正しい倫理と、正しい過程をきちんと踏《ふ》んでくれれば、まだ生きている。

倫理《りんり》に反するものにチェックをかけていくこと

D――　その意味では、私たちは、「経済学に仏法真理《ぶっぽうしんり》を入れていく」ということが重要だと考えており、そのための啓蒙《けいもう》活動を、幸福実現党や、「ザ・リバティ」という雑誌を通じて行っていきたいと思います。

ケインズ　まあ、例えばね、あなたがたも、昔、悪い週刊誌と戦ったことがあるだろうけれども、「週刊誌が、嘘《うそ》を書いて部数を伸《の》ばす」というようなことは、倫理《りんり》に反しているよな。

「一生懸命《いっしょうけんめい》に取材したけれども、結果的に間違ってしまった」というあたりが、ぎりぎり許される範囲《はんい》だと思う。しかし、明らかに嘘であることを知った上で、売り上げを増やすために、内容を変えて書いたり、数字を実際よりも大きく書いたりすることは、倫理に反しているよね。

それから、店頭に並べたら、それを見たくない人がたくさんいるような、いやらしいグラビア等が掲載《けいさい》された雑誌に対しても、あなたがたは反対運動をやったと思う。

こういうものは、特定の成人が買う分には問題がないけれども、子供や女性が嫌《いや》がるようなものを一般《いっぱん》の店頭で販売《はんばい》するというのは、やはり倫理に反する面はあるだろうな。

例えば、こういうところにチェックをかけていくことが、今後の経済学では当たり前になるということだね。うん。

D――　本日は、まことにありがとうございました。

ケインズ　はい。

第3章

イノベーションの本質とは

二〇一〇年四月二十日　シュンペーターの霊示
総合本部にて公開収録

ヨーゼフ・シュンペーター（一八八三～一九五〇）

オーストリア出身の経済学者。「起業家による不断のイノベーションが経済発展の原動力である」とする経済理論を構築。オーストリア共和国蔵相、銀行頭取等を経て、ハーバード大学教授に就任。著書に、『経済発展の理論』『景気循環論《じゅんかんろん》』などがある。

［質問者二名は、それぞれA・Eと表記］

1　新しい富の源泉をつくり出せ

大川隆法　それでは、ケインズと同時代人であり、同じく世界的な経済学者ヨーゼフ・シュンペーター、ヨーゼフ・シュンペーターよ、願わくは、われらに新しい経済原理を指導したまえ。

（約五秒間の沈黙《ちんもく》）

経済学者シュンペーター、経済学者シュンペーター、願わくは、われらに未来の経済のあり方、そして、現在の日本の問題点等について指導したまえ。

シュンペーター博士《はかせ》、われらに正しい経済のあり方を教えたまえ。

（約十三秒間の沈黙）

シュンペーター　シュンペーターです。

Ａ――　シュンペーター先生、本日はご降臨いただき、まことにありがとうございます。

シュンペーター　降臨という言葉は、君、経済学者に使ってはいけないよ。

Ａ――　はい。

先日、大川隆法総裁より、「今、日本は、財政赤字が累積《るいせき》する一方で、経済が低迷している。そして、経済を成長させようとしたら財政赤字が増え、財政赤字を減らそうとすると経済成長が止まるので、今の政治家たちは、『どうしたらよいか』が分からない状況《じょうきょう》にある。その意味で、政治における救世主が求められている」という趣旨《しゅし》のことをお教えいただきました。（二〇一〇年四月十五日に行《おこな》った「『危機に立つ日本』講義」のこと。）

シュンペーター　うん、うん。

A――　企業《きぎょう》の経営においては、「借金を減らしつつ、売り上げを伸《の》ばしていく」ということは、どの会社でもやっている当たり前のことなのですが、プロと称《しょう》する日本の政治家たちには、これが誰《だれ》もできないようです。

そこで、国の財政赤字を解消しつつ、経済を成長させていく方法について、シュンペーター先生から、アドバイスをいただけると大変ありがたく思います。

石油の発見により、突如《とつじょ》、豊かになった砂《さ》漠《ばく》地帯

シュンペーター　まあ、君、現代人の目から見ての話だけどさ、西南アジアの砂《さ》漠《ばく》地帯は、数千年の永きにわたって、一般《いっぱん》には貧しかったよな。

農作物はないし、海産物もなかなか手に入らない。だから、羊やヤギなどを飼ったり、水の少ないところで育つオリーブをつくったり、その程度のことしかできなかった。

あなたがたが産業として知っているものは、ペルシャ絨毯《じゅうたん》ぐらいしかないだろう。それが砂漠地帯だよな。

そういう所で、人々は、永らく、貧しく暮らしていたけれども、あるとき、「ここは、昔、海底であって、地下には石油が大量に眠《ねむ》っている」ということが

分かった。

そして、石油掘削《くっさく》技術が開発され、井戸《いど》を掘《ほ》って石油が出てくるようになったら、それをさまざまに加工することによって、燃料にしたり、プラスチックにしたりして、新しい財を生み出すことができるようになった。

そうなると、不毛の地であった砂漠地帯が、とたんに黄金《おうごん》の都に変わったわけだ。

例えば、ドバイのような所では、「超《ちょう》高層ビルがたくさん建ち、世界の富が流れ込《こ》む」というようなことが起きたりしているわけだな。

だから、今、「財政赤字の解消と同時に経済成長を起こす方法はあるか」と訊《き》かれて、私は、抽象的《ちゅうしょうてき》なたとえで答えたけれども、それは、「自分たちは貧しい」と永らく思い込んでいた人たちが、大金持ちになるようなものだね。でも砂漠地帯の人々は、「自分たちは、本当は、原油という〝純金の川〟の上で生活をしている」ということに気がつかなかっただけだ。

そういうことに気づいて、その富を取り出すことに成功すれば、突如《とつじょ》、豊かになってしまうわけだ。

石油が豊富な所であれば、「税金さえ要《い》らない」ということになってしまう。そういう所では、鳩山《はとやま》さんがやりたいような学校教育の無料化は達成しているし、病院も無料だろう。富があまりにも地中から噴《ふ》いてくるから、国民は、税金を一切取られないで生活ができる。まあ、夢のような話だが、そういうことが現実に起きているな。

ただ、今のところ、日本という国でそう大して原油が出てくるとは考えがたい。少ししか出てこないだろう。ま、これは、一つの比喩《ひゆ》として、私は言ったんだけれどもね。

発明・発見こそが「新しい富」を生み出す

要するに、未来において、無限の価値を生み出すものを発明・発見した者が、その「解《かい》」「答え」を出すんだよ。

すなわち、「人類の未来において、必要になるもの、有用なもの、富を増やすもの」ではあるけれども、「現在は、まだ誰も、その値打ちに気づいておらず、その製法あるいは実用化にも気づいていないもの」だね。これを発明・発見することで、財政赤字の解消と経済成長という矛盾《むじゅん》するものをブレイクスルー（突破）することができ、新しい道を拓《ひら》けるということだな。

例えば、馬車全盛の西部劇の時代に、「大陸横断鉄道を敷《し》く」と言ったら、最初は、誰もが「ばかげている」と思ったはずだ。「馬車のほうが、いいに決まっている。馬はどこにでも行けるし、いざというときは食料にもなる」（笑）ということだったのだろう。人々が、「馬車がいい」と言って幌馬車《ほろばしゃ》で走っていたときに、アメリカの端《はし》から端まで鉄道を敷こうとする人間は、ばかげて見えただろうね。

それから、エジソンが、白熱電球を完成させるために情熱を燃やし、失敗を何千回も繰《く》り返していたときにも、ほかの人からは、ばかげて見えただろう。「夜、暗くなったら、寝《ね》ればいいじゃないか」というのが、当時の常識だろうからね。

しかし、夜でも、仕事ができたり、読書ができたり、活動ができたりするようになったということは、ある意味で、「人類の富」を増やしたわけだよ。

日中しか働けなかった、あるいは、日中しか動けなかったのに、日中だけではなく、夜も社交をすることができ、仕事をすることもできるようになった。つまり、電球をつくることによって、「時間という名の富」を増やしたわけだな。

そのように、新しい富が生まれるときというのがあるんだよ。

したがって、未来において人々が必要とするものを、今、見抜《みぬ》き、それに国家としていち早く取り組んで、富の供給源とすることができれば、世界中からお金が流れ込んでくる国家になれるわけだね。

未来産業の芽は、たくさん眠《ねむ》っている

未来の需要《じゅよう》を見抜き、将来、万国《ばんこく》の人々が欲しがるようなものを開発して、未来産業の基《もと》をつくることができれば、お金は流れ込んでくるが、あくまでも、欧《おう》米《べい》など、ほかの国のモノマネをしているだけであれば、そういうことは起きないわけだな。

誰かが霊言《れいげん》で言っていたような気がするけど、「まだ、どこにもない、新しい

ものをつくれ」ということを、やはり、国是《こくぜ》として掲《かか》げることが大事だ。（『民主党亡国論』〔幸福の科学出版刊〕第2章「大久保利通の霊言」参照。）

君たちは、「今年（二〇一〇年）は『創造の法』の年」と言っているのかな？　それならば、なぜ、幸福実現党のマニフェストに『創造の法』をきちんと入れておかないんだね？

「幸福実現党は、国家としての『新しい富の創造』に全力で取り組む。未来に富を生むような、産業あるいは発明・発見に対して、積極的に支援《しえん》する」ということを、はっきりと言うべきだ。

「今まで発明されておらず、実用化されてもいないが、将来、必ず国の富となり、世界の光となるようなもの」を生み出すためにこそ、国家や地方公共団体のような非営利組織は存在するんだ。

「現在ただいま、お金にならなくても、やがて必ず、この国の富の源泉になるものを生み出す」ということだな。

幸福実現党は、これをやらなければいけないと思う。

実は、未来産業の芽は、たくさん眠っているのさ。本当は、もうすでにある。

誰も光を当ててくれず、何年も何十年も温められたままで、実用化されていないものが、たくさんあるんだよ。

政治家は、長期的な視野で未来産業を育成せよ

そういうものは、長期的に取り組まなければいけない。

〝先ほどの人〟も、と言ったら、言い方が悪いかもしれないが、いや、二十世紀最大の天才の一人ですけれども、まあ、ケインズさんのおかげで、私は、えらい目に遭《あ》いました。あの人のおかげで、シュンペーターは、うらぶれてしまい、

少し苦しい目に遭ったけれども、言っていることは、私のほうが正しいんだよ。だから、イノベーションに次ぐイノベーションなんだ。これをやらなければいけない。

しかし、先ほども言われていたように、民主主義には弱点があって、「目先の選挙に勝つ」ということを考えると、政治家は、すぐに効果が出るもの以外には取り組めないんだよ。

これが、やはり、マイナスだ。「将来これは富を生む」というような政策では、選挙に勝てないんだよな。

アメリカ人には、まだ、少しだけ、そういう気持ちが残っている。オバマ大統領は、「二〇三〇年代に、火星に人を送り込む」というようなことを言っている。これは、自分の任期中には実現しないことだけどね。

まあ、多少は、目先の人気取りが入っているのかもしれない。しかし、「自分が政権に就《つ》いていないのが明らかな、今から二十数年後のことを平気で言える」というのは、「アメリカという国は、まだ、未来を考えるだけの余裕《よゆう》がある」ということだろうな。

日本では、「二〇三〇年代の産業のために選挙を打つ」などということは、今の与党《よとう》の連中は考えてもいないことだろう。今年の景気を良くするための政策以外、考えることができないだろうね。

まあ、残念だが、政治の貧困《ひんこん》だな。やはり政治の貧困が、そうした問題を解決させないようにしているように思う。

政治家は、次の議席が決まらないと、どうしても腰《こし》が定まらない。ここのところが、民主主義の最大の弱点だな。プラトンに言わせなくても、民主主義は、最高の政治ではないんだよ。やはり、最高だとは思えないね。

「最悪を防ぐ」という面では、つまり、「国民《こくみん》に暴力を振《ふ》るったり、国民をすぐ処刑《しょけい》したり、ひどい税金をかけたりするような暴虐《ぼうぎゃく》な王様をとめる」という面では、民主主義は役に立つと言われている。

しかし、その民主主義も、今は、国民に過酷《かこく》な税金をかけようとし始めている。自分たちの政治手腕《しゅわん》が悪いために、結果的に、すごい税金をかけようとしている。悪王の出現と変わらない状況だな。これだったら、君、民主主義の意味はほとんどないのと同然だよ。

だから、やはり、政治を根本的にイノベーションしないと駄目《だめ》だろうね。その意味では、うーん、むしろ、本職としての政治家ではないほうが、いいのかもしれない。

君たちは、政治をやろうとし始めているが、確かに、「宗教が本職」という人であれば、利害にかかわらず、国の将来にとって大事なことを言うことができるし、実現することもできるだろう。「落選しても、帰るところがある」という人のほうに政治をやらせてみたら、本当に長期的視野で国を発展させるようなことに取り組むことができるかもしれないね。

これは、ある意味で、逆転の発想だが、プロではない面が、かえって、有利に働くかもしれない。

君たちは、そういうことに取り組める可能性があると思うよ。

「では、何が答えですか」と訊きたいかもしれないが、今、言ったように、答えに当たるものは、探せばいくらでもあるんだよ。本当は、あっちにも、こっちにもあるんだ。それを探すことが大事だね。

「次の選挙に勝てるかどうか」ということに関係なく、将来の、ま、百年後とは言わない、五十年後とは言わない、まあ、二、三十年後に実りを生むぐらいのもので構わないから、「未来産業の育成に取り組まなければいけない」ということだ。

今は、ちっちゃな町工場《まちこうば》であっても、やがて、大企業になっていくんだよ。トヨタやパナソニック、日立やＩＢＭ、ソニーなどの大企業も、みな一代で大きくなったものだ。だから、今ある小さな企業のなかにも、二〇五〇年には大企業になっているものが、たくさんあるのさ。

しかし、そういうものに目を付けないで、今、流行《はや》っているものに金をかけたがるのが、政治家の癖《くせ》だよな。これでは、駄目だ。やはり、もう少し先までの視野を持ってほしいね。

日本には、未来産業の芽が、かなりあるように私は思うな。うん。

Ａ――　ありがとうございます。必ず、未来産業の芽を掘り出し、新しい繁栄《はんえい》を築いてまいりたいと思います。

シュンペーター　はい。

2 起業家の条件とは何か

E―― シュンペーター先生、本日は、幸福の科学および幸福実現党に対して、ご指導をいただき、ありがとうございます。私《わたくし》は幸福の科学で財務《ざいむ》を担当している者です。よろしくお願いいたします。

シュンペーター うん。

E―― 先ほどのシュンペーター先生のお話のなかで、「イノベーション」という言葉が出てまいりましたが、私自身、この言葉が大好きでございます。

先生は、ご生前、アントレプレナー（起業家）という言葉も使われ、「イノベーションを起こすには、やはり、こうした起業家たちが出てきて、『異質なものの結合』をしていかなくてはならない」というような思想を説かれました。

シュンペーター　うん、うん。

E――　そこで、この起業家の資質、あるいは条件のようなものがありましたら、具体的に、お教えいただければと思います。

シュンペーターの霊言《れいげん》は「異質なものの結合」の例

シュンペーター　今、「異質なものの結合」という、懐《なつ》かしい言葉をお使いになったけれども、宗教で経済系の霊言《れいげん》を出すことは、まさに「異質なものの結合」だよ。ね？　これは発明なんだよ。

宗教では、霊が降りてきたり、神様が降りてきたりするが、普通《ふつう》は宗教の話をする。ところが、幸福の科学では、経済学者が降りてきて霊言をする。これは、異質なものの結合であり、一つの発明なんだ。まあ、たとえばの話だが、これは、新しい価値を、この世に生み出しているんだよ。

私は、本当は、経済学者のところに降りたいけれども、降りることができない（笑）。残念だが、経済学者には霊言を送れない。間接的に、少し突《つつ》く程度のインスピレーションぐらいは、隙《すき》をみて、たまに投げ込《こ》むことはできるが、明確には受け取ってもらえないので、〝キャッチボール〟まではできない。しかし、ここは、バシッと受け取ってくれるからね。

まあ、私の霊言も、異質なものの結合なんだが、これから先は、やはり、先入観で考えるのをやめることが大事であってね、「何か全然違《ちが》ったものをくっ付けて、新しいものを生み出す」という時代に入ると思う。

だから、宗教の教祖が、「世界的経済学者の霊言」を世に送るなんていうことは、すごく珍《めずら》しい新結合であり、新しい創造に当たるだろうね。

また、宗教が、「未来産業を起こすことも含《ふく》めて、政治運動をやる」っていうのも、ある意味で、新しい結合であり、イノベーションであり、発明であろうと思う。ここは発想が全然違うからね。

起業家の過去世《かこぜ》には武将が多い

経済学は、最近、起きたものではあるけれども、経済学者や起業家がこれだけ出て経済が繁栄《はんえい》した以上、神様がかかわっていないはずがない。これだけ経済が繁栄したということは、神様の格を持っているような人が、経済学者や起業家として、たくさん出てきている証拠《しょうこ》だな。

かつて武将をやっていたような人が、現代では、起業家として出てきているわけだよ。まあ、そういう事実を受け止めることが大事だな。

武将というのは、侍《さむらい》の大将だよね。戦争をする人たちだ。それで、「士農工商」というように、商人のほうが身分が下で、物を売ったり買ったりするのは卑《いや》しい職業と思われていた。

ところが、商人を相手にもしなかった戦国武将のような人が、今、地上に出てくると、一代で大企業《だいきぎょう》をつくったりするんだよ。

そのように、今は、違う分野で活躍《かつやく》しているんだな。

だから、一代で大企業をつくるような人には、戦国武将のようなタイプの人が多い。あるいは、神様の格を持っていたり、過去世《かこぜ》で国づくりをしたりしたような人が出てきて、起業家になっている場合もある。

もちろん、起業家になるためには、経営や経済などの領域について勉強をしたり、いろいろと努力することも大事かもしれないね。うん。

「創造的な人間」をつくるための方法

あなたは数学か？　数学をやった人が、宗教をやっているわけだ。面白《おもしろ》いじゃないか。あなたも、アントレプレナーだな。数学をやって、宗教に来て、財務をやっている。ああ、面白いね。すごく面白い。

何か面白いことを思いつくんじゃないか？　損をするほうで思いつくかもしれないが（笑）、いつも損をするとは限らないし、まあ、五分五分だから、得をするほうで思いつくこともあるかもしれないね。

さて、これから、新しい未来産業を起こしていくために、新しいタイプの人間、つまり新人類だな、そういう新しい価値を生み出していく「創造的な人間」をつくるためには、どうすればよいか。

やはり、「異質なものの結合」という基本原則ははずせないので、例えば、「全然違う、あるいは非常に距離《きょり》の離《はな》れた、二種類《ふたしゅるい》の学問を修める」とか、「ある学問を修めて、そのコース上の職業に就《つ》くけれども、どこかの時点で、全然違う系統の職業に転職する」とか、そういうことが必要だね。

新しい経験や智慧《ちえ》を得て、それが、すでに学んでいたものと結合して火花が散ったときに、新しいものが生まれてくるんだよ。

だから、将来、システム的に、「異質なものの結合で、新しいものを生み出す」ということができるように、何か方法を考えておいたほうがいいね。

例えば、水素と酸素が結合して水になる。これも、ちょっと考えられないようなことだと思うんだ。水素は水素。酸素は酸素。そして、水素と酸素を合わせて火をつけたら、爆発《ばくはつ》して燃え上がって水ができる。その水は、今度は、火を消すことができる。まことにもって不思議だけれども、創造の基本原則というのはこれなんだよ。

水素と酸素から水ができるとき、こうした、まことに不思議な創造の過程を通っていく。「新しい価値を生み出す」というのも、これと同じようなことだな。

気体が、液体になり、固体になる。ね？　水素と酸素は気体だが、結合することで、水という液体になり、さらに温度を下げると、氷という固体になる。また、蒸発して気体になれば、空に昇《のぼ》って雲になる。まことに不思議なものだ。このあたりに、創造の本質がすでに現れている。

だから、みんなが、心して、「異質なものを結合させていこう」と努力すると、新しい価値が必ず生まれてくる。思い込んでしまうと駄目《だめ》なんだな。

先ほども言ったように、「商人は卑しくて、ものの売り買いをして金を儲《もう》けている。しかし、侍というのは、そういう、収入をあげるようなことに対して、一切、手を出さず、戦《いくさ》をするものだ」というのは、だいたい、封建《ほうけん》時代の思い込みだよね。

「侍は、農民から、税金としてお米を何俵もらうと決まっている」となっていたのが、今は、そういう侍だった人が起業業になっている。

そのように、今は、「異文化交流」というものがけっこう大事ではないかと思うね。これが私の考えだ。

マーケティングとは、時代が求めるものを発見し、提供すること

幸福の科学という宗教も、非常に〝変わっている〟と私は思うよ。やはり、教

祖の経歴が、宗教家になるようなものではなかったことがかなり効《き》いていると思う。だから、普通の宗教家と発想が違うんだよね。全然違う発想を持っているので、それが、新しい結合を生み、新しい価値を生んでいる。

その結果、今までの宗教では惹《ひ》き付けられなかった層を、幸福の科学は惹き付けていると思う。宗教マーケットの人も集めているとは思うが、宗教に関心がなかった人も入ってくるような宗教に、今、なろうとしているね。

例えば、「シュンペーターの霊言」や「ケインズの霊言」などが出たら、経済学者や経済人は読まなければいけないでしょう？　ね？　これを読まないわけにいかないじゃないですか。

信仰心《しんこうしん》がかすかにあれば、「もしかして本物かもしれない。ちょっと読んでみようか。日本の経済危機を救ういいヒントがあるかもしれない」と思うだろうし、今まで、宗教など絶対に見向きもしなかったような人、特に、新宗教をまったく軽蔑《けいべつ》していたような人も、「あれ、ケインズ？　えっ、シュンペーター？　ちょっと、これは勉強したいな。今だったら何を言うかな。本当か嘘かは五分五分だが、本当だったら参考になるかもしれないな」と思って買うかもしれないね。

「上杉鷹山《うえすぎようざん》の霊言」にしても、「今、上杉鷹山が企業を立て直すとしたら、どうするか」ということは、企業経営者ならやはり関心があるだろうね。（『富国創造論』第3章参照。）

そのように、君たちは今、新しいマーケットを拓《ひら》いているんだよ。

ドラッカーさんも言っていたそうだが、マーケティングというと、みな、すぐに販売《はんばい》のことだと考えるけれども、それは間違いなんだ。「販売はマーケティングではない。マーケティングとは、基本的に、販売を要《い》らないようにすることだ。つまり、お客が自動的に求めてくるようなものをつくれば、それ自体がマーケティングなんだ」ということだね。

だから、「今、お客は何を必要としているのか」「今のお客が必要としているものは何か」を見つけ出すことが大事だ。

今の日本なら、「政治不信、経済不況《ふきょう》、外交の混迷などを、どうやって解決すればいいのか」というのが、みんなの悩《なや》みの種だよな。これに答えを出したら、それ自体が、マーケティングになるんだよ。

幸福の科学出版の人が書店に行って営業をすることも、マーケティングの一部ではあるかもしれないけれども、それは、もう結果にかなり近いことなのでマーケティングではない。

マーケティングとは、本当は、「今の時代の人たちが必要としているものは何か」を見つけ出すことなんだ。そして、それを提供する体制、サプライ（供給）する体制を整えること自体が、最大のマーケティングなんだよ。ね？　ドラッカーさんも私も、このあたりの考えは同じなんだ。

だから、今、あなたがたはマーケティングをしているんだ。国民にとって、今、必要なことを提言しようとしているので、新しい層のお客さんが買うようになるわけだね。

この本を買うのは、やはり経済に関係している人たちだ。ビジネスパーソンから、起業家、経済学者、そして、なんと数理経済学者までが読まなければいけなくなってくる。

彼らは、今までの宗教のマーケットではなかった人たちだね。今までの宗教では、実は、そちらのほうではなく、「貧《ひん》・病《びょう》・争《そう》」という、「貧しくて、病気で、争いごとが起きている」というような人ばかり相手にしていた。しかし、経済というのは、そうではなくて、普通の表の世界での努力だな。ま、そういう変化も感じる。

例えばの話、今、宗教であるあなたがたが、日銀の仕事をやろうとしているわけだな。これは非常に新しい創造なんだ。

本当は、日銀が、「日本の景気を良くするために、どうするか」を考えて、発信しなければいけないが、日銀は、何にも思い浮《う》かばない。インスピレーションがゼロなので、何にも出てこない。

インスピレーションは、宗教のほうから出てくるわけだね。だから、日銀に代わって、宗教が景気を良くするための方法を発信できる。あるいは、経済産業省に代わって、宗教が産業の振興《しんこう》を図《はか》れるわけだ。

君、実に面白いじゃないか。

このように、時代が求めているものを発見し、それを提供すること。これがマーケティングであるわけなんだな。

啓示《けいじ》を受けて政策をつくる幸福実現党は「超《ちょう》未来型」

あなたがたは、実にいいところを狙《ねら》っていると思うよ。うん。実にいいところを狙っている。今の政治家に訊《き》いても駄目なんでしょう? 政治家に訊いても、学者に訊いても、もう、どうしようもないんでしょう? 彼らは、何が正しいかも分からないんでしょう?

だから、神の声を聴《き》きたいだろうし、神様でなくてもいいけれども、「過去に生きた偉人《いじん》が、もし、今、生きていたら、どうするだろうか」ということを、みんな聴きたいだろうね。

それが、歴史を勉強する理由でもあろうけれども、歴史は、「過去の事例に関して、その人が、そうした」ということにしかすぎないので、「『今だったら、どうするか』を知りたい」というわけだな。

例えば、「太平洋戦争のときに、もし、西郷隆盛《さいごうたかもり》が大将で、勝海舟《かつかいしゅう》が参謀《さんぼう》だったとしても、日本はアメリカに勝てなかっただろう」などというようなシミュレーションをする人も世の中にはいるわけだが、今、君たちは、「西郷隆盛や勝海舟が現代に生きていたら、二〇一〇年に生きていたら、いったい何を言うか」というような本を出しているわけでしょう？

だから、実に面白いマーケティングを、今、やっているんだよ。うん。いいと思うね。

宗教だから、こういう霊言を出しても、おかしくないし、霊言を出すこと自体が、世の中を啓蒙《けいもう》し、救っていると思う。

特に、幸福実現党という政党が、天上界《てんじょうかい》からの啓示《けいじ》を受け、それをバックボーンにして政策をつくるなんて、もう驚天動地《きょうてんどうち》のことだろう。

これは、ある意味では、「超古代返り《ちょうこだいがえ》」ではあるけれども、それと同時に、「超未来型」でもあるわけだな。つまり、昔の神様がしたくてもできなかった指導を、今の時代シチュエーションのなかでは、やることができるということだ。

例えば、昔は、今のような経済機構がなかったので、神様は高度な指導をしたくても、地上の人からは、「お米がよく穫《と》れますように」という祈願《きがん》ぐらいしか来なかった。

また、水路を発明した人がいたら、「おまえは天才だ」と、ほめられた時代だよ。神様からインスピレーションが降りてきて、「もしかしたら、水路というものをつくれば、うまく行くんじゃないか」と思いつくだけでも、昔は、天才と言われた。

あるいは、水車だな。水路の水で、水車を回し、その回転するエネルギーを使って、粉を挽《ひ》けるようにする。これが昔の天才なんだよ。今では天才と思われないが、昔は、こういう人が天才だったんだな。

昔の神様は、こういう指導をしていた。そして、昔、水車を発明したり、水路をつくったり、品種改良をしたりしていたような人が、今、発明家や起業家をやっている。

そのように、かたちを変えて、時代を変えて、いろいろと、やっているわけだよ。

だから、万里《ばんり》の長城《ちょうじょう》をつくったような人が、現代に生まれると、全世界の道路の掘《ほ》り起こしなどをやらせたりするわけだよ。まあ、言ってみればね。

現代は、そういうことをしている時代なわけだ。まあ、面白いと言えば、面白いね。

で、君の質問は何だったんだ？

E――　もう、お答えいただいております。ありがとうございました。
私自身も、先見性を磨《みが》くと共に、未来において必要とされる事業を起こすような起業家を発掘《はっくつ》してまいりたいと思います。

若い人たちに、もっと期待をかけよ

シュンペーター　やはり「起業家はつくれる」と思わなければいけないね。つくれるんだよ。起業家は、つくれるんだ。特に、若い人たちには強調しておかないといけない。

（聴聞者《ちょうもんしゃ》たちを見て）こんな年寄りばかり集めて、大丈夫《だいじょうぶ》か？　若い人はいるのか？　年寄りばかり集めても駄目だ、発想が出てこないぞ。

若い人たちに、「次に発明をするのは君たちだよ」と、直接、言っておかないといけない。彼らは、まだ頭が柔軟《じゅうなん》だからね。「与《あた》えられた仕事だけは、ガーッとやれるが、それしかできない」というような人間ばかりをつくってはいけないんだよ。

幸福実現党は〝大化け〟する可能性がある

だから「もっと違うもの、異質なものを組み合わせないといけない」と、私は思うね。そういう発想が要《い》るんだ。

その意味で幸福実現党は宗教政党かもしれないけれども、これは面白いと思うなあ。

私が投票するなら、「みんなの党」なんかには入れずに、こっちに入れるなあ（会場笑）。経済学者の目で見て、将来性は、絶対こっちのほうが上だな。だから、私は自民党にも民主党にも投票しないね。ほかの政党では、何も変わらないと思う。

幸福実現党は分からないよ、〝大化け〟しそうな感じがすごくする。だから、そういう〝におい〟をプンプンさせて、やはり、政権を取っていかないといけないね。

だから、もっと新しいことをガンガン言わないと、君、明治維新《いしん》だけじゃ駄目だよ。

「百数十年前の明治維新の話を、今、一生懸命《いっしょうけんめい》している」というのは、ちょっと、テレビドラマに影響《えいきょう》されすぎていると思うな。それは他力依存《いぞん》だ。ほかのものに依存しすぎていると思うよ。

ま、坂本龍馬《さかもとりょうま》も偉《えら》いかもしれないけどさ。坂本龍馬より偉い人なんか、今、たくさんいるよ。現代人は、龍馬が考えもつかなかったようなことをやっている人ばかりだよ。

大手町であろうが、霞《かすみ》が関《せき》であろうが、渋谷《しぶや》でも六本木でも、まあ、どこでもいいけれども、今、羽織袴《はおりはかま》を着て、革靴《かわぐつ》をはいて、ピストルを持った坂本龍馬が街を歩いたら、まあ、びっくりして引っ繰《く》り返るような仕事を、どこの企業でもしている。龍馬が、「これは、いったい、何の仕事なんだ？」って言うようなものばかりだよ。

時代は、明治よりも、もっともっと新しいんだから、昔返りしただけではいけないよ。やはり、先のものをやらなければいけない。

「宇宙人との交流」に備えよ

宇宙人との交流が始まるのは、もうそろそろだからね、君。

今は、ロケットで宇宙に行く時代だから、宇宙で食べる宇宙食など、いろいろとつくっている食品会社もあると思うんだな。博物館とかに行ったら、真空パックの宇宙食をときどき売っているが、次は、宇宙人が来たときに、彼らに提供する食事のメニューを考えておかねばならない。

人間が食べられてしまわないように、宇宙人には、何か代わりのものを食べてもらわなければいけないからね（笑）。［注1］

どんなメニューにするか。

宇宙人に食べてもらう代用食を考え、人間を食べる代わりにそれを食べていただければ、そういう宇宙人とも平和共存ができるわけだね。

「宇宙人のなかには、人間を食べるものもいる」という噂《うわさ》が立っているが、君、それでは、南の島か何かの〝人食い人種〟じゃないか。「人間の肉を食べたら霊力がつく」などというのは、古代の発想だ。

昔のアフリカでも、「部族間で戦って、敵の肉を食べたら、その相手の力がついて強くなる」とか、「強い動物の肉を食べたら、その動物の力がつく」とか言っていた。それは、昔のシャーマニズム的宗教だな。

今の宗教は、それでは駄目だ。人間が食べられてしまわないように、宇宙人の口に合うものを開発しなければいけない。このあたりのことも考え始めないと、宇宙人との交流はできないよ。

八岐大蛇《やまたのおろち》に人質《ひとじち》を差し出すとか、テーセウスのようにミノタウロスに人質を差し出すとか、「何か〝お供《そな》え〟をしないかぎり、宇宙人と付き合えない」というのでは、たまったものではないからね。

「宇宙人と十人が握手《あくしゅ》したら、二人は食べられる」というのであっては、とてもではないが、やっていけないので、やはり、宇宙人用の食べ物も考えなければいけないわけだ。

それから、宇宙産業も考えなければいけない。次は、宇宙人との貿易も起きてくるわけだよ。宇宙人がものを売りに来たときに、こちらは何を売るのか。こうしたことも考えなければいけない。

「宇宙人が必要としているものは何だろうか」ということを考えれば、未来産業のもとが見えてくると思う。地球人のなかには、元宇宙人という人もたくさんいるので〔注2〕、そういう人に、「どんなものが買いたいか」をよく訊いて（笑）、その方面に産業をつくっておけば、将来、大きな経済交流が始まるだろう。つまり、宇宙貿易だな。

したがって、アダム・スミスはもう不要となる。アダム・スミスが説いたのは、地球の上での「国対国」の貿易だからね。

「ある国にはできて、ほかの国にはできないものがある。例えば、この国では小麦ができるが、別の国では鉄鉱石が出る。鉄鉱石を、小麦ができる国に送って、小麦を、鉄鉱石が出る国に送る。

そのように、それぞれの国が、自分たちの国にないものを手に入れることによって、結果的には、両方の国が豊かに生活できるようになる。

すなわち、小麦をつくっている国では、鉄鉱石が入ってくることによって、鋤《すき》や鍬《くわ》などの農具をつくることができるようになる。

一方、鉄を持っているけれども、ライフルで狩《か》りしかできず、獲物《えもの》の肉を焼いて食べることしかできなかった国では、小麦が入ってくることによって、パンなどの小麦製品をつくって食べられるようになる。こちらは食生活が豊かになる。

貿易には、そういう効用があるのだ。」

こういう考え方が、アダム・スミスの『国富論』のなかに入っているが、次は、「宇宙レベルでの国富論」が必要なわけだな。

つまり、「宇宙人との交易のなかで、どのような富が、新しく生まれるだろうか」ということを考えればいいわけだ。

「ほかの星から、たくさん来ているらしい」ということは分かっている。ただ、表に出てこれないのには、それなりの理由があるに違いないので、宇宙人が出てこれるようにしてあげることが、マーケティングなんだよ。宇宙人が、みんなの前に出てきてもいいようにしてあげるのが、未来マーケティングなんだな。

宇宙人が住める家、宇宙人が食べる物、宇宙人が欲しがる物とは何か。地球にはなくて宇宙にあるもので、いったい何が地球の役に立つか。このあたりを、きちんと調べて準備をすれば、未来マーケティングができるわけだな。

ま、そろそろ、そのあたりまで考えておかなければいけないと思うね。

E――　シュンペーター先生に教えていただいたことをもとに、日本、そして世界の繁栄と幸福のために尽力《じんりょく》してまいります。ありがとうございました。

シュンペーター　はい。

〔注1〕地球に来ている宇宙人は二十数種類いるが、レプタリアンといわれる爬虫類型《はちゅうるいがた》宇宙人のなかには、人間を食べるものもいる。（『「宇宙の法」入門』〔大川隆法著、幸福の科学出版刊〕参照。）

〔注2〕宇宙人による地球移住は、魂《たましい》レベルでは、すでに始まっており、宇宙人としての過去世を持つ人々も一部にはいる。（『宇宙人との対話』〔大川隆法著、幸福の科学出版刊〕参照。）

あとがき

ハイエク・ケインズ・シュンペーター。一度でも経済学の門をたたいた者にとっては、近よりがたい巨人たちである。彼らが今の日本を、そして世界経済を見たら何と言うか。知りたいだろう。講演会なら、前日から並んででも、チケットを手に入れたいだろう。

本書は、そうした魅力《みりょく》に満ちた本だ。分かりやすく読者に語りかける声が、未来からの交響楽《こうきょうがく》のように感じられはしないだろうか。楽しんで読んで頂きたい。

そして、宗教法人・幸福の科学や、政党・幸福実現党の未来に期待を寄せて頂きたいのだ。

二〇一〇年　五月二十日

幸福《こうふく》の科学《かがく》グループ創始者兼総裁《そうししゃけんそうさい》　大川隆法《おおかわりゅうほう》

『未来創造の経済学』大川隆法著作関連書籍

『創造の法』（幸福の科学出版刊）
『マルクス・毛沢東のスピリチュアル・メッセージ』（同右）
『富国創造論』（同右）
『民主党亡国論』（同右）

※左記は書店では取り扱っておりません。最寄りの精舎・支部・拠点・布教所までお問い合わせください。
『大川隆法霊言全集 第9巻 ソクラテスの霊言／カントの霊言』
（宗教法人幸福の科学刊）

未来創造《みらいそうぞう》の経済学《けいざいがく》
――公開霊言　ハイエク・ケインズ・シュンペーター――

2010年６月17日　初版第１刷

著　者　　大《おお》川《かわ》隆《りゅう》法《ほう》

発行所　　幸福の科学出版株式会社
〒142-0041 東京都品川区戸越１丁目６番７号
TEL(03)6384-3777
http://www.irhpress.co.jp/

印刷・製本　株式会社 サンニチ印刷

落丁・乱丁本はおとりかえいたします

ISBN978-4-86395-050-4 C0030

大川隆法ベストセラーズ・霊言シリーズ

マッカーサー 戦後65年目の証言

マッカーサー・吉田茂・山本五十六・鳩山一郎の霊言

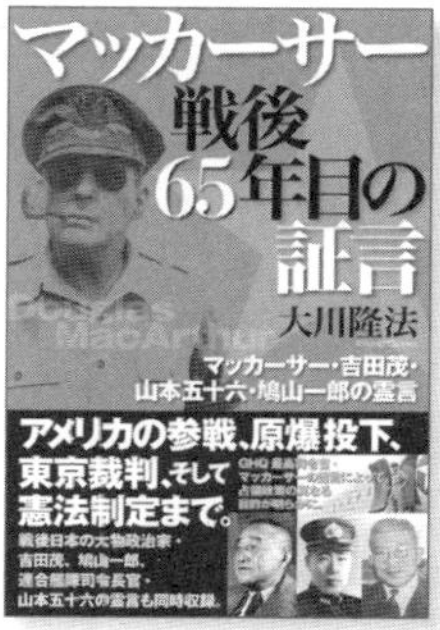

GHQ最高司令官・マッカーサーの霊によって、占領政策の真なる目的が明かされる。日本の大物政治家、連合艦隊司令長官の霊言も収録。

1,200円

日米安保クライシス

丸山眞男 vs. 岸信介

「60年安保」を闘った、政治学者・丸山眞男と元首相・岸信介による霊言対決。二人の死後の行方に審判がくだる。

1,200円

民主党亡国論

金丸信・大久保利通・チャーチルの霊言

三人の大物政治家の霊が、現・与党を厳しく批判する。危機意識の不足する、マスコミや国民に目覚めを与える一書。

1,200円

幸福の科学出版

大川隆法ベストセラーズ・霊言シリーズ

福沢諭吉霊言による「新・学問のすすめ」

現代教育界の堕落を根本から批判し、「教育」の持つ意義を訴える。さらに、未来産業発展のための新たな理念を提示する。

第１章　福沢諭吉の霊言──霊界事情と教育論・男女観
私が見た「霊界事情」／学歴社会の現状をどう見るか
女性の生き方をどう考えるか　ほか

第２章　福沢諭吉霊言による「新・学問のすすめ」
「日本人の学力の復活」への指針／学校教育の無償化は“地獄への道”／現在、天上界から何を指導しているか　ほか

1,300円

勝海舟の一刀両断！

霊言問答・リーダー論から外交戦略まで

幕末にあって時代を見通した勝海舟が甦り、今の政治・外交を斬る。厳しい批評のなかに、未来を切り拓く知性がきらめく。

第１章　侍精神を持って断行せよ
三つの条件で人材を見よ／マクロ認識のないマスコミが国を滅ぼす／日本は「半主権国家」である　ほか

第２章　説得力を高める智慧とは
自分を飾らず、本来の自分で行け／中国とは、どう付き合うべきか／なぜ、勝海舟は暗殺されなかったのか　ほか

1,400円

※表示価格は本体価格（税別）です。

西郷隆盛
日本人への警告

この国の未来を憂う

西郷隆盛の憂国の情、英雄待望の思いが胸を打つ。日本を襲う経済・国防上の危機を明示し、この国を救う気概を問う。

第1章　沈みゆく日本を救うために
新たな国づくりのための指針／信念でもって人を動かせ
この国を背負う若者へのメッセージ　ほか
第2章　信念を持って、この国を護り抜け
未来の設計図を提示せよ／正義と政治のあるべき姿
中国が覇権を握ると日本はどうなるか　ほか

1,200円

一喝！
吉田松陰の霊言

21世紀の志士たちへ

明治維新の原動力となった情熱、気迫、激誠の姿がここに！　指導者の心構えを説くとともに、現政権を一喝する。

第1章　指導者としての厳しさを知れ
リーダーを輩出するための心構え
真剣勝負で戦い、大義を成就せよ　ほか
第2章　「一日一生」の思いで生きよ
国民の価値観を変えるために／吉田松陰の二十九年の人生が示すもの／若者のリーダーたるべき者とは　ほか

1,200円

大川隆法ベストセラーズ・霊言シリーズ

龍馬降臨

幸福実現党・応援団長 龍馬が語る「日本再生ビジョン」

坂本龍馬の180分ロングインタビュー(霊言)を公開で緊急収録! 国難を救い、日本を再生させるための戦略を熱く語る!

第1章 日本を根本からつくり直せ
日本の政治とマスコミの現状／国難を打破する未来戦略
新しい産業を起こすための経済政策　ほか

第2章 幸福維新の志士よ、信念を持て
現代の海援隊とは何か／龍馬暗殺の真相
なぜ幸福実現党の応援団長をしているのか　ほか

1,300円

松下幸之助 日本を叱る

天上界からの緊急メッセージ

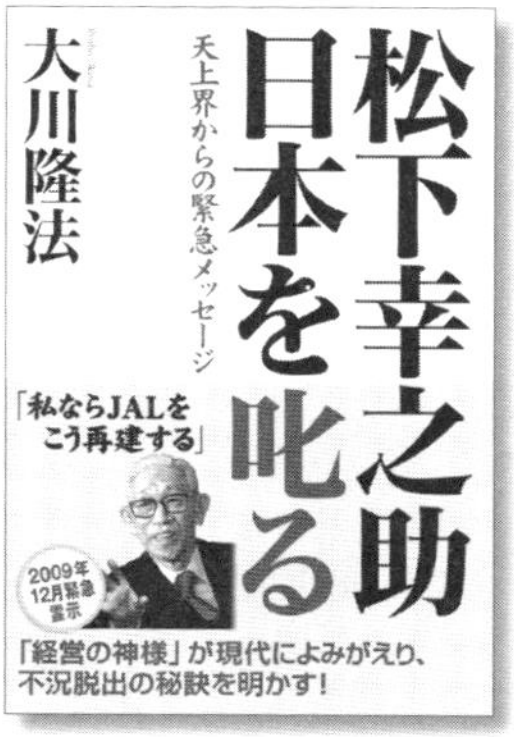

天上界の松下幸之助が語る「日本再生の秘策」。国難によって沈みゆく現代日本を、政治、経済、経営面から救う待望の書。

第1章 国家としての主座を守れ
日本を救うために必要な精神とは／今の日本の政治家に望むこと／景気対策の柱は何であるべきか　ほか

第2章 事業繁栄のための考え方
未来に価値を生むものとは／天命や天職をどのように探せばよいか／商才の磨き方とは　ほか

1,300円

※表示価格は本体価格(税別)です。

世界紛争の真実

ミカエルvs.ムハンマド

米国(キリスト教)を援護するミカエルと、イスラム教開祖ムハンマドの霊言が、両文明衝突の真相を明かす。宗教の対立を乗り越えるための必読の書。

1,400円

エクソシスト入門

実録・悪魔との対話

悪霊を撃退するための心構えが説かれた悪魔祓《ばら》い入門書。宗教がなぜ必要なのか、その答えがここにある。

1,400円

「宇宙の法」入門

宇宙人とＵＦＯの真実

あの世で、宇宙にかかわる仕事をされている６人の霊人が語る、驚愕の事実。宇宙人の真実の姿、そして、宇宙から見た「地球の使命」が明かされる。

1,200円

大川隆法ベストセラーズ・新しい国づくりのために

宗教立国の精神

この国に精神的主柱を

なぜ国家には宗教が必要なのか？　政教分離をどう考えるべきか？　国民の疑問に答えつつ、宗教が政治活動に進出するにあたっての決意を表明する。

2,000円

危機に立つ日本

国難打破から未来創造へ

2009年「政権交代」が及ぼす国難の正体と、現政権の根本にある思想的な誤りを克明に描き出す。未来のための警鐘を鳴らし、希望への道筋を掲げた一書。

1,400円

創造の法

常識を破壊し、新時代を拓く

斬新なアイデアを得る秘訣、究極のインスピレーション獲得法など、仕事や人生の付加価値を高める実践法が満載。業績不振、不況など難局を打開するヒントがここに。

1,800円

※表示価格は本体価格（税別）です。